教育孩子需要异乎寻常的
耐心和适量的爱心

 妈妈一束赞许的目光,一个会心的微笑,一句由衷的赞誉,都是一次最好的鼓励,都是母爱真情的流露,都是夸奖孩子的最佳方式。

妈妈,让孩子笑着长大

教育孩子需要异乎寻常的**耐心**和适量的**爱心**

张红娟 ◎ 编著

天津科学技术出版社

图书在版编目(CIP)数据

妈妈,让孩子笑着长大/张红娟编著.—天津:天津科学技术出版社,2011.4
ISBN 978-7-5308-6257-5

Ⅰ.①妈… Ⅱ.①张… Ⅲ.①家庭教育 Ⅳ.①G78
中国版本图书馆 CIP 数据核字(2011)第 047753 号

责任编辑:石　崑
责任印制:白彦生

天津科学技术出版社出版
出版人:蔡颢
天津市西康路 35 号　邮编 300051
电话(022)23332398(事业部)　23332697(发行)
网址:www.tjkjcbs.com.cn
新华书店经销
天津新华印刷三厂印刷

开本 710×1000　1/16　印张 17.75　字数 242 000
2011 年 6 月第 1 版第 1 次印刷
定价:28.80 元

北京宣武区第一实验小学的王尔晴同学读三年级时,在一篇作文中将她的妈妈——中央电视台著名节目主持人敬一丹描写得真实可信,亲切朴实,富有浓厚的生活情趣:

妈妈从来不叫累,也不怕苦,不怕脏。她没有闲着的时候,就连打电话,也要拿一块抹布擦电话。

妈妈不挑食,很节省,从不乱花一分钱、浪费一粒米,要是爸爸扔了一个纸盒子,妈妈就会再捡回来。

妈妈很爱我,她经常带我出去,让我长知识,开眼界。我请别的同学到家里来时,她很欢迎,热情地招待每个同学,给同学和她的父母倒水、拿水果,跟同学的父母聊天。同学要走了,她就把同学送到楼下或车站。

王尔晴的这篇作文在我国为了迎接第四次世界妇女大会时举行的《我眼中的妈妈》征文活动中获奖了。发奖那天,父母都参加了孩子的领奖仪式。女儿在台上读获奖作文,妈妈敬一丹在台下流泪。我们可以理解,妈妈从孩子的眼中看到了自己,发现了自己从来都没注意过的优点和不足。用敬一丹的话说:"我自己获奖,有的是成就感;而女儿获奖,我感受到的是幸福感。"

大量的调查结果显示,在现代家庭中,母亲既是孩子的主要照顾者,又是孩子的主要教育者,承担着教养子女的重任。母亲教育有着先天的优势,每个人的生命都毫不例外地由母亲孕育,孩子来到世界上接触到的第

前言

一个人也是自己的母亲。母亲是孩子最为亲近的人,她与孩子朝夕相处,寓教于母爱之中,寓教于日常生活之中,不仅能满足孩子的生理需求和情感饥饿,还是孩子灵魂的塑造者和人生的引路人,母爱对孩子智能的发展、人格的形成和行为模式的养成都有着极其重要的影响。人才的成长由母亲把好第一关,母亲是孩子的第一位教师。

孩子是母亲的作品,看着孩子一天天长大,感受着孩子带给自己的一个个惊喜,享受着亲子之乐,这种来自心灵的收获是其他任何事物都无法比拟的。母亲对孩子的教育是一种付出,也是一种获得;是一种负累,也是一种乐趣。如果母亲能抱着这样的心态去教育孩子,就会觉得轻松愉快,也更乐意去做母亲了。

合格的母亲应该是个母育家,知道如何教育好孩子。要做到这一点,必须与时俱进,不断学习,学习文化科学知识和教育知识,了解孩子的发展特点,形成新型的教育理念,掌握科学的育子方法,并把这些教育理念、知识和方法融入自己的育儿过程中,时刻清楚孩子处于何种状况,存在哪些问题,怎样实施教育,从而把孩子培养成为富有个性的和谐发展的人才。

《妈妈让孩子笑着长大》通过众多事例,全面分析了孩子独特的个性特征与心理特征,突出了生活中的各种教育细节,紧紧围绕孩子的个性特征和教育方法展开,并针对孩子的个性特征和成长过程中可能出现的问题提供了富有建设性的意见,是一本通俗易懂且实用性强的读物。

编 者

2011 年 4 月于北京师范大学

妈妈的爱是静静绽放的花朵

爱是一切沟通的前提,也是说服与教育的前提。妈妈对孩子有一种天生的原始之爱,它像大海一样深,像天地一样广,但爱也需要理智,也需要讲究技巧。

给孩子一个灿烂的微笑 /3
对孩子的爱各有不同 /5
爱抚是沟通的桥梁 /8
赠予孩子的节日礼物 /10
用爱去聆听孩子的声音 /13
让孩子懂得爱,学会爱 /16

拉着孩子的手一路同行

当我们成为妈妈的那一刻,我们便开始了一场学习爱的旅程,而唯有通过陪伴与参与,我们才可能跟孩子的生命有交集。或许,我们没有影响历史的能力,也没有富可敌国的机运,但每个妈妈都有能力用生命浇灌另一个生命,让一个孩子走向幸福。

目录

分数不是衡量孩子的标尺 /21
孩子淘气是好事还是坏事 /25
"夜深天凉了,要多穿一件衣服" /27
托起孩子奋飞的翅膀 /30
"你的名字写得很漂亮" /32
倒了,自己站起来 /35
让孩子在追求中体会快乐 /38
拥有一颗平常心 /41

积极的心态快乐的人生

要想让孩子将来干出一番成绩,就必须让孩子保持一种健康的心态。因为,成长是一个不断编织梦想、建立友谊、培养兴趣、磨炼毅力、坚定信心和享受快乐的过程,成长包含了孩子多种素质的提高,而不单单是学习成绩。

让孩子学会坚强 /45
远离孤僻,学会开朗 /48
做事要积极主动 /52
如何培养孩子的主动性 /55
不虚荣 /58
谦虚 /62
不嫉妒 /64

用宽容的目光赏识孩子

清代教育家颜元曾经说过:"教子十过,不如奖子一长。"美国著名心理学家威廉·詹姆斯也说:"人类本性上最深的企图之一是期望被赞美、钦佩、尊重。"希望得到他人的尊重和赞美,是人内心深处的一种愿望。

宽容是一道美丽的风景线　/69
一个孩子对我们的"告诫"　/72
继母和拿破仑·希尔　/74
欣赏孩子的创意　/77
怎样做一位好妈妈　/80
及时鼓励孩子一点点的进步　/84
不要过度地赞扬　/87
怎样表扬和惩罚孩子　/89

帮助孩子快快乐乐地学习

世界上一切有作为的伟人,都是把学习,把劳动,把干事业当作生活的第一需要,当成乐趣,当成享受的人。他们有了高层次的人生苦乐观,便总能享受到高层次的人生乐趣。

辅导孩子学习要生动、具体　/95
为孩子选择适合的学习方式　/98
写好作文,应从感兴趣起步　/101
孩子做应用题发怵怎么办　/105
怎样对待做作业拖拉的孩子　/108
孩子的作业潦草怎么办　/110
孩子学好英语的七个捷径　/112
孩子学习偏科怎么办　/115
该不该为孩子请家庭教师　/118
孩子理想的学习成绩应该是什么样的　/121

目录

丰富孩子的业余文化生活

　　孩子的才华和才艺可以培养孩子的美感、创意、智力、人际关系和乐观情绪等,使孩子的才华和天分得到充分发挥,达到心灵深处的满足,使孩子能够健康成长,生活更加多姿多彩。

　　让艺术熏陶孩子的心灵　/125
　　开展才艺活动对孩子的影响　/127
　　让卡通、漫画、绘画成为孩子的朋友　/130
　　培养孩子的手工能力　/133
　　让孩子喜爱体育运动　/138
　　怎样培养孩子的音乐特长　/141
　　孩子认为穿名牌、赶时尚就是美怎么办　/144
　　培养孩子的艺术素养　/147
　　让孩子参加"创新兴趣小组"活动　/150

怎样让孩子养成好习惯

　　日本教育家福泽谕吉说:"家庭是习惯的学校,妈妈是习惯的老师"。好习惯是在日常生活与家庭教育中逐渐形成与培养起来的。妈妈在生活与教育中怎样要求孩子,那么孩子就会形成怎样的习惯。儿童期是一个人一生中形成良好习惯的最佳时期,尤其在孩子3至12岁之间的这段时期,他们的心灵就像一片净土,你播下什么样的种子,就会收获什么样的果实。

　　习惯对人生的作用　/155
　　按年龄阶段培养孩子的习惯　/158
　　培养孩子读书的习惯　/162

学会珍惜时间 /166
养成写日记的习惯 /169
养成锻炼身体的习惯 /172
让孩子学会生活自理 /177
合理安排孩子的业余生活 /181
学会使用网络 /185
让孩子养成理财的习惯 /189

让孩子光明正大地追求金钱

孩子是祖国的未来和希望。一个强大的民族，需要有一批优秀的青少年；一个经济实力强盛的国家，需要有一批懂得理财之道的创业者。今天的孩子，就是将来的老板、企业家，就是将来的经济栋梁。

让孩子知道钱是怎么来的 /195
及早对孩子进行理财教育 /198
既要高智商更要高财商 /201
让孩子成为家庭理财能手 /203
让孩子学做家中的小主人 /206
即使1美元也要赚 /210
告诉孩子，要花钱，自己挣 /213
培养孩子的节俭意识 /216

从小培养孩子的社交能力

人际交往是交流信息、获取知识的重要途径，是认识自我、完善自我的重要手段，是集体成长和社会发展的需要。

目录

我们认为无论大人、小孩在人际交往中都要遵循必须的原则：①用适合的方式待人接物，不让人感到尴尬和难堪；②了解对方的原则，不触犯对方的原则；③要勇于帮助别人改正错误；④要严于律己，宽以待人，勇于承认自己的错误；⑤尽量不要直接批评、责怪和抱怨别人；⑥互相尊重，求同存异，避免过于激烈的争论；⑦互相帮助，取长补短。

良好的口才，是孩子成功的基础 /221
智慧的人就是那些善于学习的人 /224
从小培养孩子的幽默感 /226
让孩子远离谣言和诽谤 /228

妈妈不要这样说

对孩子的语言伤害一向被人们所忽视。其实这种伤害比身体上的伤害更惨痛，更隐蔽，更具有破坏性——伤疤留在心里，表面不露痕迹，可几十年后仍在隐隐作痛，甚至把受伤者改变成一个惯于伤人的人。

任何话语都是言者自己心态的反映。从一些父母对孩子常说的话中，可以看出他们仍只是在想当然地履行教育职责，对现代教育理念知之甚少。

"这个假期你根本就忘了学习" /233
"去做作业" /236
"我家的孩子在学习，你别来找他玩了" /239
"我批评你是对的，不许犟嘴" /242
"你老老实实地坐一会儿行不行" /245
"不要逞能，你做还早呢" /247
"你真笨" /250
"你这身打扮成什么样子" /253
"不准失败！" /256

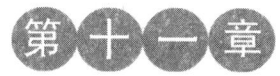

第十一章

孩子强体健身食谱

对于生长发育旺盛时期儿童的营养健康问题，应该给予足够的重视。我们常说的三大营养——蛋白质、脂肪和碳水化合物的摄入量应有一定比例，蛋白质产生的热量宜占一日总热量的12%～15%，脂肪为25%～30%，碳水化合物为55%～60%，如此比例才能保证蛋白质充分发挥其修补组织的作用。

本章着重介绍一些孩子的强体健身食谱，以作妈妈们参考。

荤菜类

红焖鸡块　/261

宫爆鸡丁　/261

葱爆羊肉　/262

鱼香肉丝　/262

京酱肉丝　/262

芹菜炒牛肉　/263

青椒炒肉丝　/263

生爆肉片　/263

黄焖排骨　/264

红烧鲤鱼　/264

红烧狮子头　/265

油菜炒香肠　/265

素菜类

家常豆腐　/266

炒萝卜　/267

炒青菜　/267

家常白菜心　/267

炒土豆丝　/267

菠菜炒粉丝　/268

炒芹菜　/268

蒜苗炒鸡蛋　/268

番茄炒鸡蛋　/269

凉拌黄瓜　/269

黄瓜炒子虾　/269

酱爆茄子　/270

妈妈的爱是静静绽放的花朵

> 爱是一切沟通的前提,也是说服与教育的前提。父母对孩子有一种天生的原始之爱,它像大海一样深,像天地一样广,但爱也需要理智,也需要讲究技巧。

第一章 妈妈的爱是静静绽放的花朵

给孩子一个灿烂的微笑

微笑是人类共同的语言,当看到有人对我们微笑时,我们会心情很好,觉得自己是可爱而且受欢迎的。服务行业提倡"微笑服务",是希望顾客感到友好温暖受尊重,下次再来。对于孩子,妈妈的微笑便是证明孩子们可爱的证据。

妈妈的微笑是阳光是春雨,会让孩子心灵舒展,充满欢乐。尤其在他们遇到困难挫折的时候,先不要去责怪他们,而是微笑着告诉他们,人都是在挫折中长大的,父母会永远支持他们。孩子一定会因为得到激励和鼓舞变得更加优秀。微笑,多么简单的动作,面对服务对象都能做到为什么不能对孩子做呢?

对待孩子,你对他微笑,他就会还给你微笑,然后对所有人微笑;你对他善良,他就会还给你善良,然后对所有人善良;你对他宽容了,他就学会宽容。因为,我们是孩子身边的人,是孩子的榜样。

微笑是一种面部表情,对人微笑就是向他人表述"我喜欢你,你使我快乐,我很喜欢你"的情感。教师在课堂上如能正确、有效地运用微笑艺术,将会调动起学生积极的情绪,提高学生课堂的参与度,营造出一个充满生命力的课堂氛围。

在孩子的心中,只要妈妈天天有笑脸,就是好妈妈。笑能得到孩子这样高的评价,可见笑的分量。只要对孩子投以微笑,他们就满足了。然而,要时时刻刻都面带微笑,这是很难做到的。孩子犯错误很正常,有时候刚刚承认了错误,一转眼又犯错,真的很气人!孩子犯了错,应该进行正面的批评教育，讲明道理，让他们知道错在哪，怎样做才对。但别忘了，在孩子承认了错误的同时，投以微笑。

华人首富李嘉诚教子历来十分严格，对两个儿子的培养更是从小开始。在李泽钜和李泽楷读小学和中学的时候，只要在家吃晚饭，李嘉诚就会对他们兄弟两个讲做人的道理。李嘉诚经常对他们说："生意是靠别人给你的，要学会与人沟通，让别人喜欢你""在这个世界上，你给别人一个什么样的表情，别人回报你一个什么样的表情。你给对方一个善良的微笑，对方回报给你一个善良的微笑。当你把微笑给了千百个人的时候，千百个人就会回报给你千百个微笑，你的人生就成功了。"由此看来微笑对每一个人都很重要。

妈妈带着微笑面对孩子，是珍爱孩子的情感表现。孩子是最具情感的，妈妈在他们心目中是最有权威而又最值得爱的人。他们深深地爱着自己的妈妈，同时也渴望得到妈妈的爱。这种爱可以通过妈妈的面部表情得以传达，那就是微笑。因此，面带微笑开展教育活动，才能够触及孩子的情绪领域，使他们在充满爱的氛围中去触摸妈妈的内心情弦。微笑能使亲子关系变得轻松，变得融洽，变得和谐。

面对孩子时，不论你再怎样疲劳，再怎样心中困苦，都要展开你真诚的笑容。因为，当孩子望向你时，他的心中充满希望。他渴望看到的是鼓励、支持和热情。

孩子给妈妈带来荣耀时，大家要一起分享快乐；让妈妈失望时，大家要握紧双手，一起面对。不愉快的事、挫折、艰难，相信都只是暂时的，我们需要的是为彼此加油、呐喊、助威。生活的路途，最终需要孩子一个人去面对。一颗坚强的心，一个勇敢的灵魂，是我们送给孩子的最好的礼物，而你关爱的眼神、温暖的话语、有力的臂膀，就是心灵的源泉。

第一章 妈妈的爱是静静绽放的花朵

对孩子的爱各有不同

天下没有不爱自己孩子的妈妈，但是爱要及时、适量、得体。爱是一种信任，爱是一种尊重，爱是一种鞭策，爱是一种激情，爱更是一种能触及灵魂、动人心魄的教育过程。

在某一个城市的街头，一个十多岁的男孩子和父母外出游玩时等公共汽车。车进站以后，这个男孩子一个箭步窜上车，神情坦然地找了个位子坐下，上来晚的父母只能站在儿子的座位旁。然而，这个小孩子对站着的父母却是一脸漠然，仿佛他们是两个与自己毫不相干的陌生人。车上的一位乘客看不过去，就说："孩子，应该让你的父母坐。"还没等男孩子作出反应，他的父母急忙说："让他坐，我们不累。"

这就是父母对孩子的爱！在这个享有文明古国美誉的国度有这样的事情，怎是一个"可怜天下父母心"所能解释的了的？

在父母的溺爱下成长起来的孩子，是难成大器的。由于父母过分地包办代替，孩子养成了饭来张口、衣来伸手的习惯。慢慢地，孩子就变得怕苦怕累，遇到困难，就胆怯、退缩、逃避，要父母代劳，不愿独立地解决自己力所能及的事情。对他人甚至父母缺少爱心和责任感，这样的孩子又怎么能面对现代社会那激烈的竞争呢？诚然，疼爱子女是天下所有父母的天性，但是，爱不是盲目的。现在，有些父母对孩子的爱缺乏理智，以至成了溺爱。孩子饭来张口、衣来伸手不说，父母对孩子提出的要求不管合理不合理，全都无条件地应允，有的上学送，放学接，晚上还要挑灯伴读到深夜。古人云：自古英雄多磨难，从来纨绔少伟男。其实，任何事情都是要有度的，过分溺爱，往往会事与愿违。

李嘉诚，一位对社会有巨大贡献的杰出企业家，虽富甲一方，但在子女的教育方面别出一格，在物质生活上近于"吝啬"。

李嘉诚从不愿让两个儿子生活得过于安逸，他深知"梅花香自苦寒来"，温室里养不出参天的大树。他要让孩子们体验到生活的艰辛，而不是仅仅品味到其中的甘甜。因此，他从不让自己的孩子感到他们与普通人家的小孩子有什么不同。李嘉诚经常带着两个儿子一起挤电车，儿子们上学也是如此。他温和地向孩子们解释说，在电车上能接触到许许多多不同职业、不同阶层的人，从他们身上可以看到从业者的艰辛，可以看到平民大众的生活。只有经常与他们在一起，才能体会到任何东西都是来之不易的，这些都是坐在私家车上无法得到的。

经过多年的奋斗，李嘉诚清楚地知道，他需要传给儿子们的并不是自己的财富，他要教给他们的是自己的生活体验，是做人的品质。

而他换来的是一个被香港人惯称"小超人"的李泽楷！

同样，世界上一些发达的国家，父母能自觉地施行富门寒教。在美国，家长让孩子从小自找苦吃，学会独立生存；在德国，法律上就规定满14岁的孩子在家里要承担一些义务；日本，同样不乏优秀的范例。

小野先生有一辆很漂亮的丰田小汽车，每逢节假日，他常常开车带上全家人外出游玩。可是，每天上班，小野总是一个人驾车，从来不让10岁的儿子顺道搭车上学。一天，儿子有点犯懒了，就央求爸爸送他一程。"不行！"面对儿子的请求，小野斩钉截铁地回答，丝毫没有回转的余地。无奈，儿子只好一个人背着大书包，流着眼泪沿着大街慢慢地向学校走去。当他将近走到学校时，突然发现爸爸正在那里等着他。小野见了儿子什么也没说，只是掏出手帕擦去儿子的泪痕，然后他一手拉着儿子，一手为儿子提过大书包，陪着儿子走过天桥。"孩子，不要怪爸爸，你现在是学生，不应该坐车上学。你现在小小年纪就贪图安逸，将来是难成就事业的。"

与之相比，不得不承认，我们与小野先生的养儿方式有所不同。又有谁说为孩子一生着想的爱不是真正的爱呢？

爱抚是沟通的桥梁

孩子需要妈妈的爱抚是一种天性。不管孩子是快乐还是委屈,不管孩子是开心还是忧伤,妈妈始终是孩子避风的港湾,有没有过多的言辞不重要,一个温馨的爱抚,就能让孩子消除难过和恐惧,感受到来自妈妈的温暖。

宝宝还在妈妈肚子里的时候,妈妈常常通过抚摸进行胎教,与宝宝进行交流。宝宝诞生之后,更需要亲人的触摸。常在亲人怀抱中的婴幼儿能意识到和亲人之间紧密的联系,有安全感。经常爱抚可以让宝宝啼哭少、睡眠好、体重增加快,同时抵抗力也会较强,智力发育也会明显提前。反之会引起孩子食欲不振,智力发育迟缓及行为异常等。生活中缺少抚爱,缺乏身体触摸的孩子,往往会不自觉地咬手指、啃玩具、哭闹不安,甚至用头或身体乱碰撞等。

然而,目前社会上一些年轻父母以工作繁忙为借口,把孩子扔给老人看管,以为这样就解放了自己的双手,其实这对孩子的成长是不利的。还有一些家庭对孩子的接触方式是打屁股,只要孩子有点错或大人不称心,就打孩子屁股。平时很少得到父母爱抚的孩子容易产生孤独感,并热衷于推撞、打架闹事、对周围世界带有敌意等。也还有不少家庭,妈妈是常常抚摸和拥抱婴幼儿,但是等到孩子上初中以后,性别就会压抑和限制这种本能的接触,只有当孩子患病时,才有被妈妈摸摸前额的机会,平时得不到任何关心和爱抚。其实大孩子也很喜欢亲人抚摸他的手和头。

孩子生来需要妈妈爱抚，此乃天性。婴儿啼哭时，被抱起来亲昵一番，会停止啼哭。妈妈也离不开孩子，睡眠中的妈妈往往听不到一般声响，但对身边孩子的啼哭却特别敏感，即使熟睡也会立刻惊醒，给予喂哺。妈妈把孩子搂在怀里时，一种幸福感油然而生。这种母婴感情依恋，儿科学家冠以特定的名词"母子依恋"，对母婴双方都是十分有益的。

（1）抚摸孩子的手

俗话说，孩子的智慧在他的手尖上。这话早已被现代医学所证实。手的神经反射在大脑中所占的范围比人体的任何部位都要多。既然小小的一双手要大脑中那么多的领域来支配，那么，运动手掌与十指也必然会使大脑的神经受到刺激，得到锻炼，这就是"手巧"与"心灵"息息相关的最坚实的、最有说服力的生理依据。所以，抱孩子时候，要多多抚摸他的手，牵拉他的手，握握他的手，亲亲他的手，他会更加聪明。

（2）摸摸孩子的头

头皮距大脑很近，常摸摸它，不仅可解决孩子"皮肤饥饿"问题，而且还有利于孩子情绪的稳定。当孩子受到挫折或惊吓，或者因为一些事情受到了委屈，妈妈轻轻地抚摸他的头，就可以使孩子很快镇静下来，重新找回自己的自信和力量。

（3）亲亲孩子的脸颊

在人体中，面部神经是最发达的，多亲亲孩子的脸，会让他表情开朗，充满朝气。

（4）拍拍孩子的肩膀

当孩子做出点让妈妈高兴的事情，或是做出让他自己感到得意的事情时，别忘了拍拍孩子的肩膀，以示赞赏与鼓励。在我们的生活中，以肌肤相亲的方式赞赏孩子、鼓励孩子，往往比浮泛的语言来得有力，更容易滋润孩子的心田。当孩子受到了这样的奖赏时，心中会充满兴奋，做起事情来也会更有动力。

赠予孩子的节日礼物

曾经有人问日本教养专家河合集雄："养育子女应该以什么为目标？"河合集雄的答案是："培养孩子可以活出自我的人生。"妈妈没有办法替孩子担心一辈子，孩子的幸福需要自己创造。

让孩子活出自己的人生，最好的方法是培养他们一些面对未来需要的基本能力。我们不妨在孩子生日时送出以下礼物。

健康：健康的身体、健康的思想会让人的生命处于最佳状态。作为家长要首先在生活细节中确立健康的观念，让孩子养成科学、健康的生活习惯，这会影响他的一生。

节俭：绳锯木断，水滴石穿，靠的都是恒心与持久。节俭更是如此，一日一钱，千日千钱，节俭是累积财富的最直接有效的途径之一。应该把这个词用行为做给孩子看，用耐心讲给孩子听，这对他一生都有意义。

现代：生活和工作理念的现代化、时尚化、个性化，会让你总是处在社会和生活变化的前沿，使你总是保持一种现代、向上的心态。孩子在这种氛围里成长，会有助于他很快适应瞬息万变的环境，从而避免不必要的挫折。

友爱：一个家庭应十分重视团队精神的培养，始终强化"家"的概念。在这种氛围里会让家庭每一位成员学会互相关心，团结友爱，这也是家庭幸福的重要因素之一。

上进：不进则退。作为父母首先要上进，并从心态上，从行动上体现出来，要适时地告诉孩子：原地踏步即是后退。

危机感：这是让人上进的动力之源。在没有竞争对手的时候我们要为自己设置"假想"对手，使自身处于危机状态，这会让一个人永远理智、冷静。但我们没必要因此剥夺孩子活泼好动的天性。

思考：正确的思考方式、准确的思考方向会让一个人少走弯路，保持迅速的、良性的发展。对正在生长的孩子而言，这种正确、准确的思考能力来自父母、老师和社会媒介的正确引导和教育。

敬业：身为父母首先要尊重自己的工作。如果你认为自己正在从事的工作激发不起你的热情，你最好还是换一份值得你去做的工作，这对你和孩子的发展都有益处。

感激：你给生活种上什么样的种子，你将收获什么样的果实。父母首先要对生活怀一份感激之情，感谢生活本身的美好，感谢那些给你帮助的人，并将这些言传身教给自己的孩子。

诚实：诚则持久，信必永恒。社会的发展历程证明，经商成功者远离诚信绝不会太久。做人更该如此。

守信：诺言和你愿意从事的工作一样，是永远值得你尊重的。尊重别人的前提条件之一，便是尊重自己的诺言，这是守信的根本。这一点对孩子来说尤其重要。

理解：真正的理解是很难的。但如果你对生活细节用心，拥有了健康、节俭、敬业、诚实、守信等美德，才会真正走进理解的深处，才会对朋友、亲人、社会、人生、爱情等"概念"有本质上更深刻的认识。

谦逊：这是一种做人的基础，也是一种美德。谦逊是一个人的最好名片，善于体现谦逊之风的人往往成功迅速。

严谨：遵从合理的、科学的、有效的规则，这是养成严谨作风的捷径之一。认真、用心、严格要求自己，会让自己的无形价值越来越高。生活作风不严谨的人，信誉度自然就低。相反，严谨的人，可信度会从你的气质与作风上透射出来。

成熟：思想的成熟才是真正的成熟。父母应该将这作为培养孩子永远追求的目标。如何让思想永远跟随着社会前进的脚步，不仅应该是理想远大的父母所想，更应该是追求更高目标子女的所想。真正成熟的人永远不会满足于现状，他们总是在一次次突破中提升自身的境界。

第一章 妈妈的爱是静静绽放的花朵

用爱去聆听孩子的声音

爱的教育是真诚的、可贵的、富有生命意义的。爱是一种相互影响、相互欣赏、相互宽容、相互期待；爱需要接受，更需要付出。在孩子心中，倾听孩子的诉说既是一种尊重，也是一种爱的教育。

孩子越来越大了，可跟妈妈的话却越来越少了，妈妈们很难走进孩子的内心世界。这究竟是为什么呢？责任不在于孩子，而在于家长，妈妈应该做孩子忠实的听众，让他们大胆地说出自己的心里话，而不是憋在心里备受煎熬。

李女士的孩子考试考得很糟糕，才70多分，这让李女士生气极了，将孩子痛打了一顿，但没有什么效果！孩子脾气很倔强，李女士始终认为自己是对的，孩子经常跟自己过不去，就算是把他摁倒在地，他也不会认错。过了些日子，孩子跟妈妈说："妈妈，你们都不理解我！就不怕我想不开？考试考得不好了，你都不像其他家长那样，安慰我、鼓励我，而是拼命的打我！"

听了孩子的话，李女士觉得很震撼！是啊！面对孩子，我们做家长的，往往太急躁了，根本没有聆听孩子的想法，一味地将自己的想法加在孩子身上，一味地用忙来做借口。其实，很多时候，我们还要从孩子身上学东西。

听了孩子的话以后，李女士觉得，应该要改变方法，不能动不动就打了！要多听孩子的想法，多与孩子沟通。没想到这样确实有效果，孩子变得懂事多了，学习也认真了，成绩一下子就上去了。

有的时候孩子需要的是关爱，而不是严厉的管教，只要妈妈愿意听听孩子的想法就会发现自己当初很多的想法都是错误的。孩子总归还是孩子，他们需要关注，需要倾听，需要尊重。这一切都是妈妈能够给予孩子的，只要拿出一点耐心，一份真诚，妈妈就完全可以让孩子对自己敞开心扉。

其实，孩子有了思想后，便开始思考这个世界，思考他们所遇到、看见的每一件事，并逐渐产生自己的想法。当然，他们的想法不一定正确。作为成年人的妈妈，这时应该倾听孩子的声音。在适当的时候好好考虑他们的意见。认可孩子的想法，不仅可以锻炼孩子的思考意识和表达能力，有时还可以通过倾听孩子的声音，得到意想不到的收获。

随着现代社会的生活步伐提速、竞争压力加大，爸爸妈妈常常由于工作忙碌，无法静下心来倾听孩子的声音。其实每个孩子内心深处还是渴望和父母交流的，他们愿意把自己身边的小事、大事都拿来跟父母分享。

妈妈要赢得孩子的信任，倾听孩子的声音。前几天接孩子时听一家长说："这几次我那孩子考试都得了80多分，回家该好好揍他一顿了"，殊不知这样的揍绝不能换来下次的高分。孩子成绩下降，自己心理上也很困惑，他多希望妈妈能帮他分析原因，找出差距，可是做妈妈的只看到了分数没看到孩子的心理。

学会倾听也是了解孩子最有效的途径，应该引起妈妈们足够的重视。家长有必要定期抽出时间倾听孩子的心声，让孩子感觉到你对他的重视。孩子对妈妈信任感越来越深，他会向你袒露内心世界，让你知道他对事物的看法和感觉。

学会倾听不只是听孩子讲话，而是一块儿"交心"，让孩子和妈妈同创一个共享快乐的世界。在交流过程中，不仅要听他说话，还要注意他说话的语气和表情，让他发表见解，对于他的感受或意见不要轻率做出结论。

许多家长与孩子打交道感到苦恼是因为还没有与孩子真正交心的缘故。如果能够与孩子交心谈心，大人和孩子就处在"没有墙壁"、"互相理解"的安全感之中；如果孩子从幼小时期就有这种体验的话，那就绝不会出现家长与孩子有隔阂的现象了。只要把耐心倾听孩子的话作为日常生活的一部分，孩子的世界就能渐渐地看清楚了，做妈妈的就会从中发现乐趣而不是苦恼。

有经验的妈妈提出，通过听孩子说话来了解他们的感受，是非常有价值的一种方式。不论孩子提出的问题是大还是小，都要尽可能找时间立即去倾听，而不要让孩子等你有了空闲时间再说。立即倾听孩子的谈话，有助于赢得孩子的信任，这样孩子才愿意把他所有的事都告诉我们。而对妈妈来说，了解孩子头脑里想的是什么，也是一件很重要的事情。与孩子谈话，为我们提供了一次了解和教导孩子的机会。因此，当孩子与妈妈谈话时，我们要尽可能地立即与他交谈，这样孩子就不会失望了，他可以感受到他对于妈妈是多么的重要，他也就会更多地把心里话告诉妈妈。

让孩子懂得爱，学会爱

爱是一个家庭的灵魂，如果缺少爱，家庭就失去了快乐与和谐。心中有爱的人，总是充满朝气，情绪平和，乐观，进取，且具有自尊心与自信心，与人相处表现出亲切、仁慈与关怀。

现在的孩子在父母无微不至的呵护与关爱下，所有的事情都不用去干，在潜意识里就形成了——父母所做的一切都是应该的，不用回报。有些父母对孩子的不知感恩缺乏警醒，他们认为孩子还没长大，以后长大了自然会懂得的，这样就形成了一种现象：父母为孩子任劳任怨，孩子却毫无感激之情，甚至还认为这是应该的。尊老爱幼、孝敬父母作为良好道德修养的重要组成部分被忽视了。父母的付出、他人的帮助和关怀在孩子眼里变得理所当然，谈不上什么感恩。孩子不懂得爱父母，更不会体会到父母的辛苦，一旦孩子的要求得不到满足，就会怨恨父母。所以，父母如果爱孩子，就要让他们从平常的生活小事中感觉到爱，在爱中领略被爱。当孩子渐渐长大，在遇到困难和挫折时，才会怀有一颗感恩的心。感恩是一种爱的表达，可以使人感到愉悦和温暖。让孩子拥有一颗感恩的心，学会感恩，就不会一味地怨天尤人，才有信心去面对生活的挑战。一个不知感恩父母的人，就更不可能感恩别人了。

有个住在山上的孩子，有一天，因为做错一件事被妈妈责骂后，内心愤愤不平。为了发泄情绪，他一个人跑到屋外，坐在山崖边大哭了一阵。然后大声喊叫："我恨你！"山谷远方立刻传来同样的回声，他顿时被吓住了，以为有人很凶恶地在和他对骂，又继续哭了起来。

他边哭边往家里跑，看到了妈妈后，他气急败坏地告诉了妈妈方才的遭遇。妈妈听后反而露出微笑，温柔地替儿子擦干眼泪，拉着他的手，又来到山崖边，要孩子大声喊："我爱你！"

孩子喊完以后，奇迹出现了：对面山谷也传来同样的回声，孩子破涕为笑。

妈妈拥着他，说："孩子，你给别人什么，别人就会给你什么。"

通过这个故事，我们应该得出这样的结论：爱和恨都是对应的，如果你以爱去对待别人，别人也会同样爱你。

为了不让孩子的爱心枯竭、泯灭，为人父母者不仅要爱孩子，更重要的是让孩子学会爱。假如只管耕耘不问收获，那么这种父母之爱，就很容易变成一种对孩子的私爱、溺爱。"溺爱是父母与孩子关系上最可悲的事，用这种爱培养出来的儿童，不肯把爱献一点儿给别人。"所以，如何培养孩子的爱心，在家庭教育中也就显得尤其重要了。

首先，从小养成爱和怜悯的习惯。大海靠一滴滴水汇集而成，爱的殿堂是靠一沙一石来构建的。从小给予孩子同情心和怜悯心，是在他身上培植善良之心的开始。

其次，当好孩子的榜样。妈妈对他人的爱心言行，会潜移默化地影响着孩子。如果妈妈用有声的爱心语言和行动，去强化孩子的爱的意识，就会使孩子产生一种积极的仿效心理。

再次，给孩子创造实施爱心行动的机会。如引导孩子主动帮助左邻右舍干些力所能及的事。而当孩子付诸行动之后，一定不要忘记以微笑的表情、赞扬的语气及时地给予表扬。爱是一盏灯，照亮别人也温暖自己。捧一颗爱心上路的人，一生也将生活在爱里。爱是一种非常美好的人生情感，像花开，美丽给别人，自己也结果实。奉献爱心，去爱每个人，是人人都很容易做到的事，一句话、一个微笑、一束花就够了，这时我们并不损失什么,却可能因此帮助别人走出困境,同时也美丽了自己的一生。

在人的一生中,财富、地位并不是最重要的,最重要的是有一颗爱心。一颗崇高、善良、关爱的心,能使人获得尊重和爱戴。没有任何一个妈妈不爱自己的孩子,而且往往妈妈对子女的爱都是无私的、不求回报的。"慈母手中线,游子身上衣。临行密密缝,意恐迟迟归。谁言寸草心,报得三春晖。"正是母亲对子女关爱的真实写照。

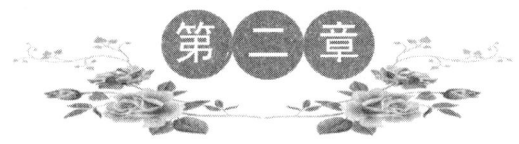

拉着孩子的手一路同行

当我们成为妈妈的那一刻,我们便开始了一场学习爱的旅程,而唯有通过陪伴与参与,我们才可能跟孩子的生命有交集。或许,我们没有影响历史的能力,也没有富可敌国的机运,但每个妈妈都有能力用生命浇灌另一个生命,让一个孩子走向幸福。

分数不是衡量孩子的标尺

受应试教育的影响,许多人评价孩子好坏的标准是孩子的学习成绩。成绩好就是优秀的孩子,将来就有出息;反之,不管其他方面怎么样,将来也一定没有什么大发展。这是不对的。

杭州市有一位教师发现了这样的现象:小学期间前几名的尖子生在升入初中、高中、大学(乃至工作)之后,有相当一部分会淡出优秀者行列,甚至在其后的升学和就业方面屡屡受挫。在前三名之外,第十名左右的学生,却在后来的学业和工作中,出乎意料地表现出色,并成为栋梁之材。

这一现象说明,一个人的成功并不完全由学习成绩决定。事实上,学业成绩主要考查学生两个方面的能力:逻辑思维能力和语言能力。而人的潜能是多方面的,其他的诸如人际沟通能力、领导管理能力、艺术创作能力、动手能力等,对一个人的成功也很重要,却很难在考试中体现出来。因此,以成绩论英雄,以成绩来评判孩子的好坏,是不科学的。

俗话说,"三百六十行,行行出状元",即使孩子考试分数不好,他在其他方面不一定没有特长和能力。

事实上,在只重视学业成绩的情况下,一些学生尽管成绩优秀,但在其学业智力发展时,其他方面的能力发展却相对滞后。倒是那些第十名左右的学生,学业智力和其他能力一直保持协调、平衡,其成功的概率可能要更高一些。

正是基于这个道理，现在很多著名企业在选用人才时，采取了"四不唯"和"四唯"的择才标准。即：不唯学历、不唯资历、不唯职称、不唯身份；唯品德、唯学识、唯能力、唯创新，真正实现不拘一格用人才。

松下公司就有一种特别的择才标准——"寻求70分人才"。松下幸之助认为，人才的雇用，要以适用公司的程度为好，程度过高不见得有用。

遗憾的是，我国目前的应试教育的直接后果是，从学校到家庭，都把分数作为衡量孩子的最主要标准。只要与升学搭边的学科就重要，否则即使大纲有要求，课时也难免被挤占，真正能保质保量上好德育、美育以及劳技课的学校微乎其微。

"唯分是举"的人才选拔方式，不仅剥夺了孩子正当的娱乐、休息，扼杀了孩子们宝贵的兴趣、爱好，而且将造就缺少生机与活力的畸形人才。对于孩子，需要培养的东西太多了。除了分数，创造性、社会性、幽默感、领导才能等，都非常重要。

作为妈妈，要克服"唯分是举"就不能只用一把尺子、一个标准去评价孩子，而要用更开放的眼光看待孩子的智力成长，实现评价的多元化。

作为妈妈，要多鼓励少施压，尽量少拿自己的"光荣历史"敲打孩子。孩子若学习成绩平平，在妈妈辉煌的历史面前，便会望而却步，产生"我真笨"的念头，失掉自信。我小时候每每读到英雄人物或科学家的故事时，便着意去看这些"大人物"在像我这般大年纪时干了什么，若是"大人物"小时平庸，我就会手舞足蹈，血往上涌，猜想自己有何样美丽的前程；若是"大人物"当年就超我一大截，我就会垂头丧气，打不起精神来。相信许多朋友会有类似的经历。

因此，妈妈还是多给子女透露点"参考消息"为好，也就是说，多给孩子讲点自己不肯轻易示人的"内幕"，尤其是那些失败的经历、痛苦的挫折和难忘的磨难等。这样子女才会和妈妈产生共鸣，感到十分亲近："原来妈妈也和我一样遇到过难事，也考过不好的成绩。"想到这儿，孩子便想知道妈妈当年是如何克服困难的。这时妈妈只需详尽地给孩子谈谈当年对失败和困难的认识，谈谈自己是如何培养自信、克服困难的就足够了。古人说"与君一席话，胜读十年书"，讲的大概就是这样一种境界。

有一位心理学家曾做过这样一个测验。他在黑板上画了一个圆，问不同的测试对象：这个圆像什么？结果幼儿园里的孩子能讲出几十种；小学生能讲出十几种；中学生能讲出八九种；大学生只能讲出两三种；社会上的人（包括一些局级干部）则一种也讲不出。

这不就是我们"学习"后出现的颇具讽刺意味的结果吗？越学，越不敢想象，越把自己禁锢在既有的知识里，思维也随之越来越萎缩，终于让我们成为不敢想、不敢说的人。

我们的孩子缺少想象力吗？没有人愿意给出肯定的回答。那孩子的想象力究竟到哪里去了呢？回答这个问题时伴随我们的往往是揪心的沉痛。孩子为形形色色的"标准答案"付出的代价太大了！

有人形象地说，中国的家长常问孩子的分数，英国的家长爱问孩子学习遇到了什么困难，美国的家长则问孩子在学校对老师提出了什么问题。三者比较，美国家长的做法似乎更值得我们学习。他们注重于孩子对老师提出的问题，不仅可以借此了解孩子的学习状况，还有利于培养孩子主动学习的兴趣，对孩子发展创造性思维大有益处。

媒体多次报道过的新闻人物焦波，于2001年3月22日被聘为南开大学文学院传播学系兼职教授。

从一个农民的儿子，到中国最具知名度的摄影家之一，又成为知名高校的兼职教授，焦波的成功轨迹让人颇有几分羡慕。

焦波在聘任仪式结束后应邀为南开大学师生作了题为"妈妈给我的路"的学术报告。发言中，他几次提到了妈妈曾经对他说过的两段话，他说："我十二岁开始跟爹学拉大锯，拉了大半年就不耐烦了。妈妈对我说：'千日斧子百日锛，大锯只需一早晨。但为啥让你拉三年大锯呢，是要让你悟出两个道理：两人配合才能把活干好，一个人劲再大也拉不动大锯。还有，锯要一锯一锯地拉，路要一步一步地走。懂得了这些道理，以后你即使不干木匠，干啥都能干好！'我家有一盘大石磨，平时我和姐姐两个人推都觉得费劲，可是妈妈踮着小脚一个人就把煎饼糊推完了。我问妈妈咋办到的，妈妈说：'只要抱着磨棍往前使劲，不是走一步就少一步吗？'我从这里边悟出了太多太多的人生哲理。我就是牢记着妈妈的这些话，一步步走到现在的。"

焦波在报告里只字没提妈妈在学习上对他的关心，是他忽略了吗？我想不是，只是妈妈上述的教诲更让他刻骨铭心而已。由此我们可以认识到，妈妈单单盯着孩子的分数而忽视对其能力的培养，绝对是"捡了芝麻，丢了西瓜"。

"望子成龙"是广大妈妈们的共同心愿。不过由于对孩子的期望值过高，有些妈妈便要求自己能够做到的孩子也必须做到，结果使孩子的心理面临巨大的压力。今天，是妈妈们勇敢地从这一误区中走出来的时候了！

孩子淘气是好事还是坏事

孩子有点"淘气"并非坏事,往往这种孩子兴趣更广泛,知道的事情多,思考问题的路子广阔。所以在教育儿童时应注意让孩子有一定的独立性。只要孩子遵守良好的生活制度、讲卫生、有礼貌、不自私、不说谎,其他问题则不必多加干涉。

好动、好奇、好模仿是儿童的特性。随着孩子年龄的增长、兴趣爱好的逐渐广泛,孩子的探求尝试活动会越来越多,这是人体发展的自然规律。但是,由于认知能力不高,自我制约力不强,他们往往会做出很多令人哭笑不得的事情来。于是,家长就给孩子下了结论——"淘气"。

其实,孩子的"淘气"中潜伏着求知的渴望、认识的提高和智能的发展。他们在"淘气"中通过观察、触摸、聆听以及联想等方式,使视觉、触觉、听觉、嗅觉、味觉得到锻炼和发展。正是因为"淘气"带给孩子以经验的积累和思维能力的提高,他们才逐渐认识了纷繁复杂的大千世界。所以,淘气并非坏事,它绝对不能等同于过失。

孩子对许多事情都很好奇,凡事都想弄个明白。他们喜欢冒险,做危险的游戏,从中获得巨大的快乐。妈妈不应该抑制孩子的探索活动,要引导孩子大胆去做,允许他们创造性地尝试。

孩子们在探索活动中不仅得到了乐趣,还有思维的能力以及创造力的发展。在日常生活中,妈妈可以根据孩子的年龄,把握时机带领孩子接触各种新鲜事物。认识的事物越多,想象的基础就越宽广,就越可能触发新的灵感,产生新的想法。只把孩子关在家里,只让孩子写字、画画,只会把孩子培养成书呆子，绝不可能培养成有创新能力的人。

提问是一种思考和钻研，也是具有探索意识的表现。孩子从会说话起，就开始会提问。由于年幼，所提的问题往往十分荒唐，有的可能无法回答，但不管问得怎样，说明孩子是在思考和探索。妈妈应该心平气和地认真对待孩子的提问，要有意识地引导孩子，保护孩子的好奇心，鼓励孩子积极思考，对孩子的提问表现出感兴趣，引导孩子进一步深入思考，去寻求未知的答案。这样，孩子提问的欲望就会不断增强。

在宽松、和谐的家庭环境中长大的孩子，往往具有较强的思维能力和创造力；而处于专制、压抑或者过分溺爱的家庭中的孩子，往往缺乏创造力。在宽松和谐的家庭氛围中，孩子的意见受到尊重，家庭成员之间是平等而民主的。如果孩子对某件事的意见比较中肯，妈妈就应该听从孩子的意见，这样可以鼓励孩子积极开动脑筋，培养孩子的创造力。

1962年诺贝尔生理学/医学奖获得者克里克，1972年诺贝尔物理学奖获得者库柏，1981年诺贝尔生理学/医学奖获得者休伯尔，1991年诺贝尔化学奖获得者恩斯等人，都曾是爆炸事件的"肇事者"。令人费解的是，这些科学家的父母并没有如我们想象那样去呵斥孩子，而是采用一种宽容的态度，既使孩子从中接受了教训，又保护了孩子的科学爱好与创新意识。

要培养孩子的创造力，妈妈一定要营造一个宽松和谐的家庭环境，容忍孩子做出一些不可思议的事情，允许孩子坚持自己的"奇谈怪论"，因为这些正是孩子创造力的来源。

具有创造性是孩子的天性，问题在于妈妈如何对待。比如妈妈都非常担心自己的孩子因撒谎而变坏。根据心理学的统计，孩子大约在3岁起开始说谎；大概在小学二、三年级时，这种倾向转为强烈。说谎具有一种将说话及行为分开的能力，也就是说将没有经历的事情，转换成好像自己亲身体验的事情。这种无中生有的表现，隐含着无限的创造力。可以大胆地假设：圆谎能圆得越巧妙的孩子，其创造力的潜能越大。因此，妈妈见孩子说谎时不要过于激动，而抹杀了孩子的创造力。应心平气和地与孩子就事论事，教导孩子分辨是非，既改正了错误又保护了孩子的创造力的延续和发展。

"夜深天凉了，要多穿一件衣服"

孩子身上的优点或缺点往往是辩证的。表面是缺点，实质却包含着优点的潜能；今日的缺点，也许就是明天的优点。辩证法告诉妈妈们，一切事物都在转化之中，在一定的条件下，一个孩子的缺点也能够转变成为优点。

相传古代有位老禅师，一晚在禅院里散步，突见墙角边有一张椅子，他一看便知有弟子违犯寺规越墙出去溜达了。老禅师也不声张，走到墙边，移开椅子，就地而蹲。少顷，果真有一小和尚翻墙，黑暗中踩着老禅师的背就跳进了院子。当他双脚着地时，才发现不是椅子，而是自己的师傅。小和尚顿时惊慌失措，张口结舌。但出乎小和尚意料的是师傅并没有厉声责备他，只是以平静的语调说："夜深天凉了，要多穿一件衣服。"

可想而知，犯了错误的弟子在老师傅的关心下被教育了。这种宽容教育比惩罚教育更胜一筹。大人尚且会有错误，何况是天真无邪，心智、思想都不成熟的孩子呢？

每个孩子都有优点，同样也都有缺点。其实对于我们成人也一样，这个世界上本来就没有十全十美的人，何况是孩子。关键是我们如何对待孩子的缺点。是一味地包容？还是一个劲地批评？有的时候孩子犯点儿错误妈妈要宽容，因为只有宽容他们才能够感动，才能够不丧失自信，才能够使自己的未来变得更加精彩。

有的妈妈经常抱怨，孩子总是爱犯这样那样的错误，说了还犯，真的很伤脑筋。有的妈妈着急，就开始训斥孩子。其实，作为成年人，如果有了错误，难道就那么有把握说过一次就能都改正了吗？看看我们自己身上就没有缺点了？对于他人的批评就接受了？好好反省一下，当然是没有。既然没有，我们就不能如此要求一个比你还要无知许多的孩子吧。

妈妈若真爱孩子，就要走进他们的心灵世界，这样才能拿到开启他们心灵的钥匙。著名作家吴伯箫在某中学执教时，曾遇到过一个学生钱财被盗的问题，那个学生还向他报告了三个"嫌疑对象"。可敬的吴老师嘱咐那位学生不要声张，并从自己的口袋里掏出如数的现金给了那位同学，事情就这样平息了。那位"偷"钱的同学后来自省了，把偷去的钱悄悄地送给了吴老师。吴老师后来在送别这班同学的班会上旧事重提，"我为这位同学感到了欣慰"。假如吴老师选择另一种作法，又是什么结果呢。

《学习的革命》一书中有这样一句话："如果一个孩子生活在鼓励中，他就学会了自信；如果一个孩子生活在认可中，他就学会了自爱。"批评和处罚容易使孩子产生消极自卑心态，降低教育效果，因此，妈妈应允许孩子犯错误，让孩子在错误中认识真理，不厌其烦地教育他们，引导他们改正错误的行为，而并非一味地指责。

"金无足赤，人无完人。"孩子身上所谓的优点和缺点往往是辩证的。表面是缺点，实质却包含着优点的潜能；今日的缺点，也许就是明朝的优点。辩证法告诉好妈妈们，一切事物都处于转化之中，在一定的条件下，一个孩子的缺点也能够转变成为优点。

孩子在人生的大海上驾舟扬帆的时候，失误、过错以及覆舟落水的危险都是不可避免的。但"吃一堑,长一智",教训可以化作智慧的财富,来帮助孩子认识自己,使他渐渐走向成熟。妈妈的责任就是在孩子犯错误的关键时刻,通过施以适当的处罚,给孩子留下一个深刻的印象,使其在以后的人生道路上避免再犯类似的错误。

托起孩子奋飞的翅膀

大多数妈妈总是鼓励自己的孩子做好他们生活中遇到的每一件事,他们期望自己的孩子能够轻松自如地展示自己的才能和兴趣。虽然这种意图是好的,但在实际操作中,这些妈妈却给孩子们传达了与之相反的信息。

我们都知道,是爱迪生发明了灯泡,才让我们告别了点煤油灯的日子。可他的成功并不是一下子就取得的。经过无数次的失败,他并没有灰心,没有丢掉信心。正是这样,经过无数次的反复试验,他最终找到了适合做灯丝的材料。我们看待科学家,不能仅仅看他的最后成功,还要学习他们"败不馁"的乐观精神和自信心。

而反观现在,有很多人失败了以后就会变得一蹶不振,并且自信心大受打击,觉得自己做什么事情都不会取得成功了。这种心理问题不仅影响着一个人的情绪,而且会让这个人在今后的工作和学习中经不起任何的挫折。

如果孩子失败了,妈妈就不妨告诉孩子:"失败了也没有关系,再说一次失败并不能否定你的能力"等等诸如此类的话。"允许失败"是妈妈宽容和赏识孩子的一种心态,能有效缓解孩子的失意情绪,孩子听后会深受鼓舞、精神振奋。当孩子的情绪稳定以后,接下来可以让他认识到为什么失败,并改正错误,让孩子树立起对自己完全的自信。

假如不允许孩子犯错或失败,剥夺孩子从失败中思索、在痛苦中学习的机会，那么，这个孩子或许会成为大人心目中的"好孩子"，可是，他也可能只是成为一个遇到问题就束手无策的人。大多数妈妈总是鼓励自己的孩子做好他们生活中遇到的每件事，他们期望自己的孩子能够轻松自如地展示自己的才能和兴趣。虽然这种意图是好的，但在实际操作中，这些妈妈却给孩子们传达了与之相反的信息。

鼓励孩子做事时要尽其所能，这是一回事，而错误地认为孩子做任何事情都应表现得最好，又是另一回事了。当我们强迫孩子去做他们兴趣很小或根本没有兴趣的事情，或者当孩子在某个具体活动中没有表现出我们所期望的那种理想状态时，我们会犯这个错误。

一旦这个思维误区被整合为孩子的信念系统，他的自尊、自信就会逐渐消失。原因很简单，任何孩子不可能在所有的事情上都做得最好。那些认定自己在任何方面都是最好的孩子，很快就会发现他们在许多事情上都会令他们的妈妈，甚至令自己失望。不敢想象，这样的孩子又怎会有健康的心态？

劝告妈妈们，请鼓励孩子按照他们自己的意愿去尝试，而不管他们是否会成功；还请鼓励孩子去发展他们自己的才能，而不以他们的努力程度来决定他们的成绩。唯有如此，孩子才不至于陷入失意的泥潭中不能自拔，才能托起孩子奋飞的翅膀，才能培养出一个拥有阳光心态的孩子。

"你的名字写得很漂亮"

大发明家爱迪生一生中有一千多种发明,他的创造发明便是从幼年坐在鸡蛋上模仿母鸡孵小鸡开始的。当他的妈妈发现孩子这种特殊的兴趣时,没有责备、讽刺、挖苦,而是鼓励大胆思考。妈妈的宽容、理解与支持,使爱迪生成长在良好的环境中,最终成为伟大的发明家。

有一个落魄的青年流浪到了巴黎,他期望妈妈的朋友查尔斯能帮助自己找一份谋生的差事。

"数学精通吗?"查尔斯问。青年羞涩地摇头。

"历史地理怎么样?"青年还是不好意思地摇头。"那法律怎么样?"青年窘困地垂下头。查尔斯接连的发问,青年都只能摇头告诉对方——自己似乎没有任何长处。

"那你先把自己的住址写下来,我总得帮你找一份事做。"查尔斯最后说。

青年羞涩地写下自己的名字和住址,转身要走,却被查尔斯一把拉住了:"你的名字写得很漂亮嘛,这就是你的优点啊。"把名字写好也算一个优点?青年在对方眼里看到了肯定的答案。

"我能把名字写得叫人称赞,那我就能把字写漂亮,能把字写漂亮,我就能把文章写得好看……"受到鼓励的青年,一点点地放大着自己的优点,他脚步立刻轻松自信起来。

数年后，青年果然写出享誉世界的经典作品。这个年轻人就是家喻户晓的18世纪法国著名作家大仲马。

生活中有很多人都拥有一些诸如"能把名字写好"这类小小的优点，但由于自卑等原因常常被忽略了。培养孩子的自信心是一门学问，成功的家长会懂得让孩子生活在鼓励中，让鼓励成为他们产生自信的基点，从而增强孩子自信心，使孩子树立一个积极的心态和有潜力可挖的概念。

曾经有位幼儿园大班的老师在课堂上问："你们认为谁在班里长得最好看？"话音刚落，一时间课堂上的空气十分活跃，孩子们争先恐后地站起来。都说自己是班级里最漂亮的。可就在这时，老师向这群自信、可爱的孩子泼去了一盆冷水："还真有你们这样脸皮厚的孩子，竟认为自己长得最好看。羞不羞呀？"

其实，类似于这种打击孩子自信心的例子，在学习与生活中并不少见。初生牛犊不怕虎，孩子在人生刚开始的时候，对于任何事情都有十足的自信心与良好的愿望，当他们自然地表现出来时，需要以赏识的心态与目光去对待，去扶持。只有这样，孩子们才会对自己的现在与未来充满信心。相反，如果只是简单地敷衍孩子，甚至无理、病态地去嘲讽他们，孩子的自信心就会受到打击，有可能就此变得自卑、压抑，从此甘居人后，凡事不思进取。

孩子自卑还是自信，大都是从父母、老师、小伙伴以及其他人对自己的评价中得来的。在相互作用中，得知他受欢迎还是被讨厌，是好还是坏以及是成功还是失败。孩子不仅从语言上得知他们自己是受到喜爱还是憎恨，也从那些微妙的行为互动中感受到别人对自己与他人的态度的差别，以此来辨认自己。

妈妈对孩子的否定态度可能影响孩子的自我接纳。在家庭生活中，妈妈若采用否定型的教养方式，孩子会认为自己无能，并因自己缺乏吸引力而苦恼，对自己未来的发展失去信心。这些孩子往往会在家庭中发泄自己的苦恼，他们怨恨自己的妈妈，常常顶撞妈妈。因无法与妈妈进行交流和沟通，导致妈妈更加否定孩子。孩子也会因家长连续不断的否定而一蹶不振，不再接纳自己，形成一种恶性循环。

妈妈对孩子积极的心理暗示可以逐渐转化为孩子的自我暗示，当遇到困难时他们会对自己说："我能行！"一位同学在考试时，有一道题不会做，他想，既然是老师出给我们做的，总有人能做出来。既然别的同学能做出来，我也能做出来。因为有了解题的信心，最后终于把题解出来了。

可见，自信心是孩子对事物产生兴趣的基础，老师与妈妈应该充分理解孩子求知的心理。虽然孩子的自信心有时显得天真、幼稚，甚至奇特、不可思议，但这些正是孩子以自己的独特的方式增长知识、加深阅历、开发智力的有效途径，对其一生都有着重要的影响。

倒了，自己站起来

天将降大任于斯人也，必先苦其心志，劳其筋骨，饿其体肤，空乏其身，行拂乱其所为，所以动心忍性，增益其所不能。

——孟子

古人云："人生不如意事十之八九"。挫折是普遍存在的一种社会现象，任何人的一生都不可能一帆风顺，大多孩子要面对各种各样的挫折。不幸与挫折可以使人沉沦，也可以铸造人的坚强意志，成就充实的人生，关键在于个人面对挫折的态度。所以，挫折对不断前行的孩子来说是一笔巨大的财富。

"宝剑锋从磨砺出，梅花香自苦寒来"，古今中外，凡成就事业者，无不遭受过巨大的磨难。屈原被逐而赋《离骚》，司马迁遭"宫刑"而作《史记》，曹雪芹家道中落而著《红楼梦》。

回忆一下可以发现，我们每一个人都有一想起就会汗颜的失败。大概没有人敢断言自己不曾经历过失败吧！

冬冬高考落榜了，他一个星期没出门见人，也不想再继续读书了。他决定参加工作，妈妈心态很平常地对他的决定表示理解，并告诉孩子应该振作起来，因为，失败在人生中谁都会有的，高考失败，并不代表你别的方面不行。于是他应聘到一家大型合资饭店做了服务员。也许因为换了一个环境，他的兴趣和情绪都很高，感觉每天都有许多要学的东西。不管是参加职工业务培训班，还是业余时间去上英语课，他都学得很投入，收获也很大，因为这些知识都是工作中用得着的。由于他的勤奋好学，工作中不断受到提拔，还有幸获得了一个被送到国外的饭店培训半年的机会，回来后又业余参加了大学饭店管理专业的函授学习。5年之后，他当上了这个合资星级饭店的部门经理，比刚大学毕业的同学更具有竞争力。说起高考的失败，他感慨地说："我没有在失败中沉沦。失败使我在审视总结自己中清醒，给了我一次面对挑战的机会。也感谢妈妈给了我支持。"

其实，失败是孩子的权利，妈妈应该允许孩子失败，只有自己亲身经历，让他们自己体验过，他们才知道什么事应该做，什么事不应该做，只有在孩子付出了一些代价后，才能学会如何面对失败和挫折。

妈妈只需关注孩子生活得是否快乐、健康和幸福，而不是对孩子施加过高的压力。她们知道，活得轻松、洒脱、自然的人，由于不过分看重一时的得失，反而容易获得成功。这些妈妈的成功经验，值得我们同龄的妈妈们借鉴。

现代社会是一个充满竞争与挑战的。自信自强、勇敢无畏的毅力，准确明晰的事物判断能力，在困难面前不屈不挠的毅力，是必须具备的品质和素养。所以，一定要从小就对孩子采取适当的挫折教育，让孩子提前介入社会的复杂多样化中，进行必要的心理预警。从小处着眼训练孩子承受挫折的能力，是让孩子在今后人生波澜里勇往直前所必备的条件。

挫折是一位良师，只要端正了心态，它就能教孩子许多有益的东西，让孩子学会用感激的心情、积极的态度对待一切问题，勇敢地参与社会竞争。妈妈应该重视从小培养孩子的自理能力和吃苦精神。只有具备了这种能力并拥有这种精神，孩子才能走上成功的道路。

（1）认识挫折教育的作用

妈妈要首先树立一个人早期受一些挫折有好处的意识。孩子遭受挫折的经历有利于培养他的品德，有利于发展他的非智力因素。挫折教育的目的是让孩子在体验中学会面对困难并战胜挫折，培养孩子的一种耐挫折能力。它不仅包括吃苦教育、生存教育、社会教育、心理教育,也包括独立、勇气、意志及心理承受力等方面的培养,也就是说挫折教育是多方面多角度的,它的目的不只是让孩子吃点苦、受点挫折,而是要从各方面着手培养孩子的抗挫折能力和耐挫折能力。

(2) 给孩子创设受挫机会

进行挫折教育的目的,就是让孩子在现实生活中能够具有独立生存的能力,能独立面对挫折,较好地解决问题。每一个孩子都具备独立抗击生活暴风雨的能力,关键在于妈妈是否给他创造了合适的机会。德国著名教育专家舒马赫曾说:"给孩子多多提供尝试机会也是实施挫折教育的有机组成部分。孩子一旦被剥夺了尝试的机会,也就等于被剥夺了犯错误和改正错误的机会,因此也不可能迈向成功之路。"

(3) 培养孩子的抗挫折能力

要培养孩子的抗挫折能力,妈妈可以先从培养孩子独立生活的能力入手。从两三岁开始就应该让孩子独立睡觉,要求孩子自己吃饭、如厕、穿衣服、整理床铺、收拾玩具等;孩子稍微大一些,就可以让其打扫房间、替父母买东西等;再大一些,可以要求孩子独立解决问题,自己挣钱来花等。父母对孩子的要求要一致,不要产生分歧,否则不利于孩子的培养。只有从小让孩子学会独立生活,他才可能在生活中成熟起来,提高抗挫折能力。

(4) 帮助孩子处理挫折

当孩子受到挫折后,作为妈妈,要教育孩子多从主观上想问题、找原因。孩子受到挫折,不管大小,都是对孩子自信心的挑战,温情的鼓励和安慰能帮助孩子树立战胜挫折的信心。孩子受挫后,要让孩子相信只要他努力就一定能克服挫折。让孩子学会正确地进行自我评价和全面客观地分析挫折,不推诿自己的责任,担当一切可能发生的风险。让孩子在挫折经历中获得经验教训,学会克服挫折的方法,为自己成功的人生创造良好的条件。

让孩子在追求中体会快乐

现在的孩子大都苦恼于学校生活的单调与枯燥，与外面的精彩世界相比，校园的生活显得格外的寂寞和乏味。那么，这是否就说明校园生活的本质就是这样的呢？不是的。快乐、浪漫是一种对待人生、对待生活的态度，更是一种经过长期社会生活实践而获得的生活的馈赠。

现在的孩子，学习紧张、忙碌，面临着升学的压力。有的孩子一头钻进书堆，两耳不闻窗外事，成为"书究"，显得老气横秋；有的孩子整天愁眉苦脸，处于一种担惊受怕的状态之中，自己的学习成绩退步了，肯定难逃爸妈的责骂，考不取名牌大学怎么办？……青春，尤其是处于人生"黄金时期"的中学生时代，本来是朝气蓬勃、富于激情、充满快乐浪漫的孩子们，何以弄得如此灰暗，除了以上客观存在的原因以外，还能不能让孩子从自身寻找一些原因呢？

快乐是一种状态，简单地讲，快乐是指某种要求得到满足，人内心所感到的幸福或满意。这种要求因人而异，如果有人把要求设得很高很高，根本无法达到，这样的人永远得不到快乐。只有合理地设计目标，寻求合理的要求，并且在这种目标达到或要求得到满足以后，内心才会感到幸福或满意。

浪漫，比快乐更进一层，建立在快乐的基础上，只有处在快乐的心理状态之中，人才会浪漫。浪漫是一种思想，指人的思想富有诗意，充满幻想和对未来美好的憧憬。快乐的人才会浪漫，会浪漫的人更快乐。

既然快乐只是一份心境，浪漫只是一种活法，本应朝气蓬勃的孩子们，为什么不选择这种活法呢？

客观情况是实实在在的，我们一时或一个人根本无法去改变它。对任何一件事情，我们总是从好的方面去想，摈弃其不利的一面，要知道事物本身也是一分为二的，这样就会保持一种愉快的精神状态。例如，对于中学生，爸爸妈妈要求你考大学，这是一种压力，但是从另一个角度来看，这是爸爸妈妈爱你的表现，爸爸妈妈如果不爱你，他们管你才怪呢！这样，你内心不就化解了压力，并充满着爱的快乐吗？浪漫富于幻想，这是青年人的天性，要任其发展，千万不能阻挡它，甚至压抑它。生活是由无数小事组成的，只要善于捕捉其闪光点，你就会发现生活充满着情调，正如古人所说，一沟一壑都风流。下课时，见到一片飘浮在空中的树叶，有的同学可能熟视无睹，可富于幻想的同学就会灵感顿生，那片树叶不就是一只飘浮在江上的小船吗？它正悠闲地荡漾着呢。这样的东西生活中该有多少快乐、浪漫随处可见，就看你能不能去挖掘、发现它们了。

现在的孩子大都苦恼于学校生活的单调与枯燥，与外面的精彩世界相比，校园生活显得格外的寂寞和乏味。那么，这是否就说明校园生活的本质就是这样的呢？不是的。快乐、浪漫是一种对待人生、对待生活的态度，更是一种经过长期社会生活实践而获得的生活的馈赠。训练孩子快乐、浪漫生活能力的途径、方法是非常广泛的，孩子可以根据自己的兴趣、爱好，以及环境、条件的情况进行选择。自然界找不到两片完全相同的叶子，人类社会也找不到两个完全相同的人。只有自己的快乐才属于自己，也才是人生真正的快乐。

针对现在孩子的生活特点，妈妈可以给孩子推荐一些富于快乐、浪漫的生活内容，以便使孩子的视野更开阔一些，生活更多彩一些，感觉更幸福一些。

（1）旅游

我国历史上许多著名人物都非常热爱远足。李白游遍名山秀水，笔下涌出豪放的诗篇；张衡从17岁就离开家乡，到关中各地，广览名山大川，考察秦地的经济文化；伟大的旅行家徐霞客一生中三上华北，五下华南，写下大量的考察日记,对我国的地层地貌做了详细的观察和研究。古人云:"行万里路,读万卷书。"旅游越来越受到人们的重视和喜爱。旅游是一项综合性的学习活动,可以使孩子了解社会,认识大自然,培养吃苦耐劳、勇于攀登的精神,锻炼身体,陶冶情操,提高审美意识;还可以培养团结友爱、互相帮助的品质。

(2) 集邮

集邮一直是不少孩子的"雅趣",它既能丰富孩子的知识,也能培养孩子的情趣。作为业余生活的一部分,集邮已越来越能激发许多孩子的热情。

集邮吸引了大量孩子,但有两个问题要特别注意:一是量力而行,作为业余爱好要适度,不能整日沉迷其中;二要讲邮德,不能不择手段私揭别人信件上的邮票来满足个人的收集愿望。

方寸邮票不仅以它外表的精美给孩子带来美的享受,而且还以它形象的文字,向孩子展示一个国家乃至整个世界的风貌。闲暇时仔细观赏小巧玲珑的邮票与简要文字说明共同组成的邮集,的确像是在翻阅一部以形象文字为表现形式的小型百科全书,从而使孩子开阔眼界,增长知识,陶冶性情,娱乐精神。

(3) 其他活动

摄影:一张美好的生活照片,不仅能给孩子以美的享受,而且还有纪念意义。

居室美化:居室的布置应按照清洁、整齐、朴素、美观的要求合理安排,创造一个美好的感觉世界。

钓鱼:钓鱼是一项调节精神、陶冶性情,使孩子保持乐观情绪的有益活动。

拥有一颗平常心

妈妈是孩子最大的影响者,教育孩子保持一颗平常心,给孩子一个轻松的环境,是非常必要的。一颗平常之心,并不是不要进取之心、成功之心,而是以平常之心,去进取,去成功,得到更充分的发展。

平常之心,就是不能只要成功,而拒绝失败、害怕失败。平常之心就是要把成功、失败看得平平常常。简单地讲,就是要正确对待成功与失败。成功了,不要骄傲,不要狂妄自大;失败了,也应该平静地接受。

失败也是生活的必需内容,没有失败的生活是不可能的。有失败,才说明生活是需要奋斗的,人生才是有意义的。接受失败应该成为人们生活中一项必不可少的内容。如果不接受生活中的失败,那么,就歪曲了生活的本来面目,个人将会受到生活的"惩罚"。世上没有常胜将军,每个人都得平静地接受生活所给予的各种困难、挫折和失败。

任何人的一生总会有不顺的时期,无论从事什么工作,都会遇到与预期相反的结果。长此以往,任何人都不免会产生悲观情绪。然而,人生并不仅有这种不顺的时候,当云散日出时,前途自然光明无量。凡事必须耐心地等待时机的来临,不必惊慌失措。相反,在境遇顺利的时候,无论做什么事都会成功;但谁都无法保证,不顺不会不期而至,因此,即使在春风得意之时也不要得意忘形,而应该谨慎小心处世。应采取顺境不骄矜,逆境不颓唐的生活态度。

春秋时期，孔子率学生们出游。

一天，孔子观赏瀑布的景色，见那水流从二三十丈的高处飞泻而下，撞入江中，激起滚滚波涛，直冲出数十里之外，那地方，鱼虾龟鳖都无法生存。

忽然，看见一个男子跳进急流之中，孔子以为那是自寻短见的。便急忙让学生顺着河流去搭救他。不料，这人游出数百步之外，便从水中走出，在河边悠然自得地唱起歌来。

孔子赶上去问他："您能在这个地方游泳，有什么秘诀吗?"那男子回答道："我没有什么秘诀。我凭着人类的本能开始我的生活，依靠人类的适应性而成长，顺其自然而成功。游泳的时候，我同漩流一起潜入水底，随同涌流而浮出水面，完全顺从水性而不凭主观意志从事。这便是我能驾驭汹涌急流的原因。"

孔子又问："什么叫做凭本能开始生活，靠适应性而成长，顺其自然而成功呢?"那男子回答："我生在陆地而安于陆地，这就是本能；长于水上而安于水，这就是适应性；不知道我为什么会这样而结果这样，这就是顺其自然。"孔子点头顿悟。

这个男子能制服汹涌奔腾的急流，遨游其中，得心应手，就因为他不以主观意志从事，而是根据自然法规，尊重客观规律，按着生活的逻辑去办事。人之处世亦应顺其自然，正所谓适应世事、适应万物。

守住平常心，是一种对环境变化的态度。学会放下美丽的光环，才能轻松前行；学会迎难而上，才能踏平坎坷上大道。顺境和逆境都是人生的财富，只有懂得珍惜和品尝的人，才会读懂"平常"二字的"不平常"真谛。

积极的心态快乐的人生

要想让孩子将来干出一番成绩，就必须让孩子保持一种健康的心态。因为，成长是一个不断编织梦想、建立友谊、培养兴趣、磨炼毅力、坚定信心和享受快乐的过程，成长包含了孩子多种素质的提高，而不单单是学习成绩。

让孩子学会坚强

一个人要取得成就,除了智力以外,还有很多因素,其中最重要的就是具备坚强的性格。妈妈应该在孩子很小的时候,就注重这方面的培养,和孩子共同努力,改变娇气、懦弱的性格,培养敢于冒险、不怕困难、勇于拼搏的精神。

弗洛伦丝·查德威克曾成功横渡英吉利海峡,两年后,她从卡德林那岛出发游向加利福尼亚海滩,梦想创造一项前无古人的纪录。

那天,海面浓雾弥漫,海水冰冷刺骨。在游了漫长的 16 个小时之后,她的嘴唇已冻得发紫,全身筋疲力尽而且一阵阵战栗。她抬头眺望远方,只见眼前雾霭茫茫,仿佛陆地离她还十分遥远。"现在还看不到海岸,看来这次无法游完全程了。"她这样想着,身体立刻就瘫软下来,甚至连再划一下水的力气都没有了。

"把我拖上去吧!"她对陪伴着她的小艇上的人说。

"咬咬牙,再坚持一下。只剩一英里远了。"艇上的人鼓励她。

"别骗我。如果只剩一英里,我就应该能看到海岸。把我拖上去,快,把我拖上去!"

于是,浑身瑟瑟发抖的查德威克被拖上了小艇。

小艇开足马力向前驶去。就在她裹紧毛毯喝了一杯热汤的工夫,褐色的海岸线就从浓雾中显现出来,她甚至都能隐隐约约地看到海滩上欢呼等待她的人群。到此时她才知道,艇上的人并没有骗她,她距成功确确实实只有一英里！她仰天长叹，懊悔自己没能咬咬牙再坚持一下。

我们是不是也在为查德威克感到遗憾呢？其实，我们在自己的生活中也会遇到类似这样的问题。比如：夜深了，还在复习以应对马上到来的考试，但阵阵睡意笼罩着你，睡觉是一种十分强烈的诱惑。就是这个时候，是睡觉，还是坚持挺住呢？

应该明白，在人的一生中，不会永远一帆风顺，每个人多少都要遭遇到困难和问题：精神上的煎熬，体力上的磨难，包括艰苦的劳作，疾病缠身等。这是任何人都无法回避的事实。坚持的人，会从中吸取经验或教训，使认识得到升华，也磨炼了意志，增强了勇气；不坚持的人，留下的只有遗憾。

不光是学习，每一位成功者都知道，要想成功就要有一种持之以恒、誓不罢休的精神。一口吃不成胖子，一锹挖不成水井，成就需要积累，成功需要坚持。一个人克服一点儿困难也许并不难，难的是不断地克服困难。对于我们来说，胆怯懦弱是普遍存在的，但对于一部分人来说，胆怯、懦弱是不存在的，因为他们坚信：温室里的鲜花总是经不起风雨，时时都拿一个强者的姿态鼓励自己。

很多年前，有一只老鹰，孤单地居住在一座非常高的山顶上。有一天，它觉得自己死期已近，就把住在山岭较低处的儿子们招来。

当儿子们来齐后，它一个接一个地看了它们一番，然后说道：

"我已经抚育了你们，将你们拉扯大，使你们能够勇敢直视日光。你们兄弟中那些不能忍受日光照射的，我就让它们饿死了。为了这个原因，你们理应比别的鸟都飞得更高。那些还想活命的，是不会袭击你们的鹰巢的。所有的动物都将畏惧你们，你们千万别去伤害那些尊敬你们的动物，你们应该允许它们分享你们吃剩的残羹。

现在我就要离开你们了。但我不会死在我的巢里，我将飞得非常高，远到我的翅膀能够带我去得到的高空，我将展翅高飞向太阳道别，让猛烈的日光烧掉我老了的羽毛。然后我将向大地直落下来，掉进大海。

但是，我将不可思议地从海中再飞起来，得到新生，准备开始新的生命。这就是鹰的命运，我们的命运。"

说完这番话，老鹰飞上天空，它尊严威武地围绕着儿子站立的高山飞翔。紧跟着，它突然扭转身子，向那将烧掉它老迈和疲倦身躯的太阳冲去。

面临死亡的鹰的遗言，大气磅礴、威风凛凛，是一份强者的宣言。那种从小养成的"勇敢直视太阳"的强悍生命力，那种让太阳的烈焰燃烧羽毛的死法，那种死而复生的信念，简直就是宏大的生命之歌。

伟大的希腊演说家德摩斯梯尼曾因为口吃而害臊羞怯。他妈妈留下一块土地，想使他富裕起来，但当时希腊的法律规定，他必须在声明土地所有权之前，先在公开的辩论中战胜所有人才行。口吃加上害羞使他惨败，结果丧失了这块土地。从此他发奋努力，创造了人类空前未有的演讲高潮。历史忽略了那位夺取他财产的人，但几个世纪以来，世界各地的年轻人都在聆听德摩斯梯尼的故事。不管跌倒多少次，只要站起来，你就不会被击垮。

中国有句古话："九层之台，起于累土。千里之行，始于足下。"那就要我们脚踏实地去努力去坚持才行。

远离孤僻，学会开朗

古人说，独学而无友则孤陋而寡闻。现在的孩子大多数时间是和大人相处，都很受宠爱，容易导致其个性变得孤僻，不懂得如何跟同伴相处，不尊重他人。如今在企业界人际能力几乎和专业能力同等重要，所以培养孩子人际互动的能力很重要。

孩子不会天生拥有一个好性格，好性格是从小培养出来的，性格决定命运。所有妈妈都希望孩子能够成为对社会有用的人，过得快乐、幸福。那么，就从培养孩子开朗的个性开始吧。

性格不开朗的孩子一般都有一颗很细腻的心，用鼓励的办法会有事半功倍的效果。妈妈鼓励孩子在各方面充分发挥自己的才能，使妈妈和子女之间的关系更加亲密融洽。要让孤僻的孩子有最出色的表现没有捷径可走，唯有不断地支持、鼓励和帮助孩子。

性格不开朗的孩子往往不喜欢交往，自我表现欲不强，不愿把自己的想法告诉别人。对这类孩子应采用欣赏的方法，多亲近他们，给他们创造与别人交往、在集体场合说话的机会。

小丽是个内向而敏感的孩子，平时很"闷"，话也很少。

一次，妈妈的同事送来两张《泰坦尼克号》的电影票，妈妈便带女儿去看。当电影演到船沉下去、女主人公冻成冰人时，母亲听到小丽在哭回家的路上，小丽的话特别多，问得最多的就是："妈妈，为什么别人都死了，她（女主角）冻成冰人了，却能活下来？"妈妈告诉她："这是一种爱的力量，就像有一次我发40度的高烧，你爸爸又不在家，我就硬撑着帮你烧饭。因为我是你妈妈呀，我怕你饿着，这也是一种爱呀！"小丽很激动地一下子依偎到妈妈的怀里。

通过这件事，妈妈才发现小丽原来是想说话的，也是愿意表达自己思想感情的，只是没有人引导她，没有找到她感兴趣的话题。后来，小丽每天放学回家，妈妈就有意识地让她讲讲学校里的事和学习上的困难；或在每晚睡觉前，给她讲讲故事，讨论讨论课本里的内容等。时间一长，小丽每天回来就和妈妈说个不停，碰到原先她根本不愿意讲的事，她也会凑在母亲的耳旁讲出来。慢慢地，小丽跟妈妈越来越亲，人也活泼多了，连老师也说她好像变了一个人似的。

孩子之所以不开朗，是因为他们无法找到知心的朋友。孩子的头脑和成人不同，有时候他们是不肯也不愿意和自己父母透露的。正因如此，父母就更有责任帮助他们，做孩子无话不谈的好朋友，帮助孩子找到他们最满意的知心朋友。

在孩子的成长过程中，爱与温情很重要。如果妈妈过分专注于自己的事业而不注重与孩子沟通，孩子就容易产生孤独的心理。妈妈在与孩子沟通的过程中，要注意孩子没有表现出来的思想感情，要学会聆听和促使孩子说话。妈妈要用爱和温情去滋润孩子的心灵，让自己的孩子远离孤独的困扰。

当然，孩子孤僻离群也有孩子自身的原因。比如，孩子本身的性格特点：内向、拘谨、好独处、不爱活动等，而父母又很少让他们出去与同伴一起玩耍，这也容易形成孩子不开朗的性格。另外，环境因素也可能造成孩子的孤僻离群，如由于孩子原来所处的环境闭塞，很少见到陌生人，当突然改变环境时会觉得很不习惯。

孩子的挫折经历也可能是造成其孤僻离群的另一个原因，在与人交往中屡次遭到拒绝后，孩子会产生挫折感，因而寻求自我保护而不愿与他人交往。

孤僻离群的心态将给孩子带来一些心理问题，使得孩子难于应付各种复杂的人际关系而变得自卑和羞怯，这在一定程度上影响孩子的成长。因此，妈妈应正视孩子的孤僻，采取措施纠正孩子孤僻离群的性格。

（1）与孩子认真沟通

妈妈听孩子讲话时应该专心。一个好的聆听者，必须集中注意力，选择一天不忙的时间和安静的地点，听孩子说话。在这个时间，妈妈不要做家务活，用眼睛注视着孩子，表示是真心在与他接触，每天都要为孩子提供与他单独接触的机会，哪怕只用几分钟，可以对孩子说："我们一起散会儿步"，或者说："让我们到小房间单独聊会天吧"。

（2）耐心地鼓励孩子谈话

开始和孩子交谈时，需要向他们提出明确的要求。为了使孩子的谈话持续下去，要用一些鼓励的词，如"嗯"、"我懂了"，也可以提一些简单的问题进一步引导孩子。在结束谈话之前，尽量不要打断孩子的话，耐心地让孩子详述某一问题的情景，尽量描述它的细节。

和孩子交谈时对孩子的叙述加以解释和说明，可以帮助他们弄清楚自己所表示的意思。在解释时，要多运用词汇，尽可能帮助孩子把自己想说的话，准确、清楚地表达出来。

（3）鼓励孩子多交朋友

人生活在社会上，都是需要朋友的，尤其是知心朋友，平时可以互诉衷肠，在困难时可以互相鼓舞。

每个孩子都希望有几个思想上、学习上或者生活中志同道合的朋友，能够经常从朋友那里获得鼓励、信任和支持。在与周围的人相处时，朋友的肯定态度总是多于否定的态度，孩子就会感到与人有一种休戚相关、安危与共的情感。

孩子们正处于学习知识、了解社会、探索人生和事业的发展时期,与同龄伙伴交往并建立友谊是正常的心理需要。过于封闭自己、不爱与人交往、在同学中人缘不好,都会影响孩子的交往能力,使孩子无法适应复杂多变的社会,甚至变得害怕与人往来,变得孤独冷漠。妈妈有责任指导孩子获得更多的朋友,结下更融洽的人缘,培养起开朗的性格。

做事要积极主动

人与人之间只有很小的差异，但这种很小的差异却往往造成巨大的差异，很小的差异就是所具备的心态是积极的还是消极的，巨大的差异就是成功与失败。

——拿破仑·希尔

积极主动，是追求成功应该具有的人生态度，也是妈妈应该尽早让孩子学会的一种态度。

从前有两个妈妈各有一个男孩，他们一样的健康、聪明。上学后，他们却不可避免地在生活和学习中，面对着老师的误解和考试成绩的不理想。这时候第一个妈妈静下心来，帮孩子一起寻找症结，教他解决的方法。第二个妈妈则是当着孩子的面狠狠地诅咒社会和老师，仿佛所有的波折都是有意让他们母子难堪。

一次，发生了地震，两个孩子都被埋在废墟下。他们周围没有人，没有食物，只能等外面的救援。第一个孩子表现得很冷静，他尽量减少活动，保持体力和足够的氧气，然后用砖头不断地敲击楼板，发出救援的信号；而第二个孩子当时就吓蒙了，他绝望地哭了起来。等救援队找到他们时，第一个孩子还顽强地活着，第二个孩子却离开了这个世界。

可见，妈妈的处世态度对孩子有着多么大的影响。如果她们心态消极，会潜移默化地影响到子女的成长，给他们的心理带来阴影。

一般来说，消极被动的人和积极主动的人存在相当大的差异。消极被动的人，常会等待命运的安排或是外力的帮助，他们是被动地让事情推动自己前进，而非自己主动地推动事情向前发展；而积极主动的人对自己会有一份责任感和使命感，这种感觉会让人认为命运掌握在自己的手中，所以，他自己必须主导事情的发生和发展。

当今的妈妈必须要完成的任务就是让自己的孩子学会积极主动，把握人生，为己负责。

著名足球教练米卢有一句名言："态度决定一切。"他所说的"态度"在很大程度上是指"心态"，而且是一种积极的心态，也就是积极思维。

成功不能唾手可得，它需要人们付出很大的努力，主动去寻找和追求。缺乏主动精神、等待成功的人，只能是一无所获的，而主动出击、努力寻找的人，才可能找到属于自己的成功和幸福。

只要有积极的心态，立志做一个积极的人，即使是"笨"孩子也会取得成功。

比特从小到大无论做什么事都比别人慢半拍，同学们都讥笑他是个笨孩子，老师也说他学习不努力。他想尽办法试图改变自己，却从来也达不到心中的目标。

高中毕业时，比特很知趣地申请了20所全国最最一般的学校，他想怎么也会有一所学校会录取他的。可让他失望的是，即使如此，也没有一所学校通知要他。

后来，比特看到了一份广告："只要交来150美元，保证可以被一所大学录取。"他付了150美元，结果，真的有一所大学给他寄来了录取通知书。比特一看到这所大学的名字，就马上想起了几年前一份报纸上关于这所大学的报道："这是一所没有不及格的学校。只要学生的爸爸有钱，没有不被录取的。"当时，比特就只有一个信念："我要用未来去证实这个错误。"

比特在这所大学上一年后，就转到了另外一所大学。大学毕业以后，他顺利地进入了房地产行业。此后，有近1万座公寓是他建造的。很快，他就拥有了900家连锁店，资产累计达数亿美元。

比特的成功也给了我们非常的启示：积极的人必然会主动，必然会把握自身的命运，有自己的价值观念；积极的人一定会拼出属于自己的一片天空。消极的人则遭遇被动，很容易被环境所改变，难以成事。

积极的心态有助于孩子克服困难，看到未来美好的希望，保持旺盛的进取斗志；而消极心态则会使孩子沮丧、失望，对生活和学习充满抱怨，甚至自我封闭、限制和扼杀自己的潜能。可见，积极的心态是健康心灵的营养，而消极的心态却是心灵的垃圾。一个积极心态的孩子并不否认消极因素的存在，却不会让自己沉溺其中；一个积极心态的孩子常心存光明远景，即使身陷困境，也能以积极的态度走出困境，迎向光明。

家庭环境对于孩子的心智和才能的发挥至关重要。妈妈如果比较热情、民主而非冷漠、独裁，孩子的智能就比较高。在温暖而充满爱的家庭中，妈妈能尊重和接纳孩子的问题，鼓励和赞美孩子的优良表现，不但可以帮助孩子发展健全的人格，还能激发其创意而使其变得更聪明。

妈妈们应当学会用美好的感觉、信心与目标去影响孩子。如果孩子感受到了妈妈积极的态度，他就会慢慢获得一种美好的人生感觉，信心倍增，人生目标感也越来越强烈。紧接着，别的孩子就会被他吸引，因为人们总是喜欢跟积极乐观者在一起。他就会运用别的孩子的积极响应来发展积极的关系，同时帮助他人获得积极的心态。

在家庭中，妈妈要学会用积极的眼光看待孩子，赏识他们的长处，并告诉孩子积极看待他们的长处，让他们对积极的选择有切身体会。对孩子的缺点，妈妈们也要采取积极的态度帮助他改正，这将使孩子认为自己有良好的信心和勇气，努力做到最好。

如何培养孩子的主动性

著名教育家陈鹤琴先生曾说:"凡儿童自己能做的,应该由他自己做;凡儿童自己能想的,应该由他自己想。"

很多企业家都非常注重培养自己孩子的主动性。康奈集团总裁郑秀康认为,凡事应该让孩子自己去做。有一次,刚学走路的女儿想自己爬到床上去,郑秀康不是把女儿抱上去,而是拿了一个脸盆来,把脸盆倒过来放到地上,让女儿先站在脸盆上再爬上去。

妈妈应当鼓励孩子自己动脑,敢于发表他自己的想法。即使孩子发表的意见是错误的,也不要打击孩子,要让孩子充分表述自己的想法,然后妈妈再给予恰当的指导。对于孩子的正确意见,妈妈应该给予肯定和表扬,让孩子拥有独立思维,培养孩子勤于动脑的习惯。

孩子还不善于思考,最初总是很少有自己独立的看法,对此,我们应当有意识地培养孩子早点从"别人说"转化为"我说……""我认为……""我觉得……"。

"别人说"表明孩子处于消极被动的学习状态,而"我说"则表明孩子处于积极主动的学习状态,这有利于促进他们学习能力的提高。只有培养起孩子的主动性,孩子的思维才会积极起来,行动才会更具有目标性。

(1) 教导孩子立即行动

"积极主动"这个词的含义不仅在于采取行动,还表示人必须为自己负责。责任感是一个很重要的观念,积极主动的人不会把自己的行为归咎于环境或他人。他们在待人接物时，会根据自身原则或价值观，做有意识的、负责任的抉择，而非完全屈从于外界环境的压力。如果想让孩子做一个积极主动、对自己负责的人，就应当立即让孩子行动起来，严格要求自己，妈妈也要做好对孩子的监督工作。

比如，用一整天时间，让孩子倾听自己的语言，看是否有"但愿"、"我办不到"或"我不得不"等字眼出现。如果有，就说明说话人是消极的，做事也是被动的，这恰恰是我们应该让孩子改正的。要让孩子学会积极主动的讲话方式，或者让孩子静下心来想一想，以前或最近在生活和学习中有没有发生自己感觉困难而退缩的情形。如果有，应该怎样加以克服？妈妈要让孩子明白，只有本着积极主动的原则加以应对，才不会使自己陷于被动的境地，才能获得生活和学习的成功。妈妈可以让孩子在脑海中进行模拟训练，以培养他的临场反应能力。

（2）引导孩子自主学习

当孩子对一件事情、一个活动有特别浓烈的兴趣时，他的行为就会显得非常积极主动。

妈妈要知道，孩子有兴趣，就会学习好；学得越好，就越有兴趣。这其实就是一个自主学习的良性循环。妈妈也会看到一个相反的恶性循环：因为学得不好，就没有兴趣。因为没有兴趣，更不爱学，就更不可能学得好。

有人在研究孩子的学习时发现，大多数情况下，孩子学习的自主性与学习的兴趣相联系。比如，这个孩子学习非常努力，他的学习成效就高。其实，努力就是积极，而积极则需要自主的意识。因此，自主性常常和兴趣相联系，自主而积极的学习态度常常表现出浓烈的学习兴趣。

妈妈要想让孩子处在良性循环中，就应当激发孩子的自主性，调动孩子内在的积极性。兴趣和自主性对孩子所从事的活动起着支持、推动和促进作用。如果孩子对某件事物产生了兴趣，他就会积极地去接触它、探求它，更会热情地投入到这项活动中去，还会最大限度地发掘出创造的潜能，使自己出色地完成它。

（3）告诉孩子没有"不可能"

告诉孩子这样一种信念：这个世界上没有不可能的事情，只是暂时还没有找到方法而已。千万不要让孩子把"不可能"三个字经常挂在嘴边。如果那样，孩子就找到了不积极主动的借口，就不会再去做自己应有的努力。

国内成功学训练专家易发久先生在他的著作《不是不可能》中有这样一段话：

"以前的人一定认为，水不可能倒流，我们知道，那是因为他们还没有找到发明抽水机的方法；现在的人一定认为'太阳不可能从西边出来'，未来的人可能会说，那是因为我们还没有找到让人类能居住在另一个'太阳正好从西边出来'的星球上的方法而已。不是不可能，只是暂时没有找到方法。让我们不要给自己太多的框框。不要总是'自我设限'，将注意的焦点永远集中在找方法上，而不是在找借口上。坚信成功一定有方法，千万别说不可能。"

所以，不要让孩子消极地认为，某些事情是不可能的，应当让孩子学会尝试，学会努力，学会不轻言放弃。只有这样，孩子才能发现那些所谓的"不可能"都可以实现。

要让孩子学会变不可能为可能，妈妈应当让孩子把"不可能"的观念从自己心中除掉，让"不可能"的意识从孩子们的意识中消失，取而代之的是"可能"，是"积极主动"。

不虚荣

虚荣心是一种脱离实际、盲目追求的心理状态，一般建立在物质欲的基础之上。在生活中，每个人都受过虚荣心的困扰，只不过在每个人身上的表现有强弱之分而已。

在孩子身上，虚荣心多表现为互相攀比、炫耀等，一旦孩子形成了这一心态，将不利于他们日后健全人格的形成，让其只看眼前，缺乏志向，从而失去真实的自己，离成功越来越远。

虚荣心是一种不切实际的东西，有虚荣心的人总想凌驾于他人之上，并在虚荣心的驱使下逐渐迷失自己。现在的很多独生子女都存在虚荣心强的现象，虚荣心往往会导致孩子发生其他心理问题，如嫉妒、自卑、敏感，这些都会阻碍孩子的发展。而且具有虚荣心的人，往往用扭曲的方式表现自尊心和荣誉感，追求表面上的好看和形式上的光彩，不顾条件和现实去追求虚假的"面子"，令人好不痛心。

一个炎热的夏天，即将小学毕业的强强坐在座位上温习功课，忽听前面的两位同学正在争论着什么。

"我喝的'美年达'才是今年最流行的。"

"得了吧，'可乐'比'美年达'强多了，牌子老，新产品也多。"

"'可乐'早过时了，你还整天喝它。"

忽然一位"观战"的同学问强强，"你带的是什么牌子的饮料，也拿出来让我们见识见识。"

"我……"

强强把手伸进课桌里，真的很想从课桌里拿出一瓶名牌饮料，但是课桌里只有一瓶无味的白开水。

"我，我只带了一瓶白开水。"强强的声音小得几乎连自己都听不到了。

"什么？你就带白开水呀！"

"你妈真小气，连饮料都不给你买。"

强强低着头，不敢面对周围同学的目光。因为那些目光充满了讥讽。周围同学们的声音也变得那么刺耳，强强感到自己的脸烫得几乎要把头发烧着。

晚上，一进家门他便扑到床上哭了起来。妈妈急忙赶来，关切地问："怎么了？出什么事了？"强强便把事情的来龙去脉告诉了妈妈。她深思了一会儿说："那以后妈妈也每月给你批一箱饮料好了。"

强强心头涌起一阵喜悦，但看着妈妈眼角的鱼尾纹，两鬓的白发和那从没有化过妆的脸，强强那被虚荣心冲昏了的脑子慢慢地清醒下来了，他坚定地摇了摇头："不，我不要。爸爸下岗了，全家三口人的生活就靠您一个人的工资来维持，我怎么能再乱花钱呢？妈，我就喝白开水！"

妈妈惊诧地望着强强，渐渐地她的眼睛湿润了。妈妈是一个很坚强也很乐观的人，强强还是第一次见到她落泪。他走到暖壶前灌上了第二天要带的白开水。眼含泪水的妈妈露出了欣慰的笑容。

第二天，强强又拿着一瓶白开水走进了教室。他不再感到自卑了，反而感到一种从未有过的骄傲和自信。

强强很懂事，因为他珍惜了他现在所拥有的生活条件。不管与其他同学比较如何，他的父母已经为他付出了最大的努力。这与个人的虚荣心下的"面子"无法相比。

在物质文明发达的今天，"物欲横流"主导着很多人的生活，也影响着无辜的下一代。"这是我妈妈上星期给我买的名牌轮滑鞋！"生活中，孩

谦虚

真正有学问的人，就像麦穗一样：当它们趋于成熟、饱含鼓胀的麦粒时，它们便谦虚地低垂着头，不露锋芒。

——蒙田

爱因斯坦是20世纪世界上最伟大的科学家之一，他的相对论以及他在物理学其他方面的研究成果，留给我们的是一笔取之不尽、用之不完的财富。然而，就是这样，他还是在有生之年不断地学习、研究，活到老，学到老。

一次，有位年轻人问爱因斯坦："您老可谓是物理学界空前绝后的人了，何必还要孜孜不倦地学习呢？何不舒舒服服地休息呢？"爱因斯坦并没有立即回答他这个问题，而是找来一支笔、一张纸，在纸上画上一个大圆和一个小圆，对那位年轻人说："在目前情况下，在物理学这个领域里可能是我比你懂得略多一些。正如你所知的是这个小圆，我所知的是这个大圆，然而整个物理学知识是无边无际的。对于小圆，它的周长小，即与未知领域的接触面小，他感受到自己的未知少；而大圆与外界接触的这一周长大，所以更感到自己的未知东西多，会更加努力地去探索。"

正如著名作家萧伯纳所说，一个人不论取得多大成就都不能自夸。对任何人，都应该平等相待，永远谦虚。

爱因斯坦常常只考虑到科学发明问题而很少注意穿戴。一次他虚心接受一个小女孩的批评，并请她到家里做客，还请她教自己怎样布置房间。

自古以来，我国人民就有谦虚的美德，有许多这方面的格言警句启迪后人。如"满招损，谦受益"，"谦虚使人进步，骄傲使人落后"，"虚心竹有低头叶，傲骨梅无仰面花"，"百尺竿头，更进一步"。

事实上也是如此，没有一个人能够有骄傲的资本，因为任何一个人，即使他在某一方面的造诣很深，也不能够说他已经彻底精通、彻底研究全了。"生命有限，知识无穷"，任何一门学问都是无穷无尽的海洋，都是无边无际的天空……所以，谁也不能够认为自己已经达到了最高境界而停步不前、趾高气扬。

下面是一个童话故事。

鹧鸪对乌龟说："我比你的境况要好得多。我既能快走，也能高飞。"乌龟回答说："我祝贺你。我走得很慢，但我总是尽我的力量去做。"

一天，碰巧有人去打猎，在草原上放了一把火。大火越烧越近，鹧鸪和乌龟的活动余地也越来越小。危险迫在眉睫，它们肯定不能逃脱了。这时，乌龟慢慢地爬到一个被象脚踩成的、又深又湿的洞里，躲过了这场火灾。鹧鸪试图飞走，但浓烟烈火把它笼罩住了。结果，它坠在地上被火烧死了。

谦虚，是孩子有了一定的自我意识，自我评价能力后产生的、一个谦虚的孩子，在取得一些优异成绩，听到声声赞誉之时明白"学海无涯，艺无止境"；一个谦虚的孩子，总能看到其他孩子的优点，从而时时自省，有所进步；一个谦虚的孩子，总是低头倾听逆耳忠言，事事低调不表现自己。总之，谦虚会极大地促进孩子的发展，产生积极的影响。谦虚的孩子常因自己的周围没有一道无形的"墙"，没有将自己与外界隔绝，因而变得心胸开阔，坦坦荡荡。

不嫉妒

嫉妒是一种消极的心理，它会破坏人际关系，伤害朋友间的友情，甚至会由于攻击性的情绪发泄而造成悲剧。父母应努力帮助孩子摆脱嫉妒的纠缠，培养孩子豁达宽阔的胸怀。

嫉妒之心，人皆有之，经常可以看到两三岁的孩子看到自己的妈妈抱起别的孩子，他就会赶快跑过去，立刻闹着要妈妈抱自己。虽说嫉妒是一种可以理解的正常情绪反应，但这并不意味着妈妈可以听之任之，放任不管。因为经常的嫉妒反应情绪，最终将演变为人格的一部分。

战国时期魏国的大将庞涓，因为嫉妒同师学艺的孙膑的才学，诱骗他到魏国讲学，切去他的双腿并囚于牛圈中。孙膑装疯卖傻逃出虎口后与庞涓兵戎相见，庞涓终因技低一筹兵败自刎。

希腊的一位心理学家曾说："嫉妒是一种十分自然的反应，每个孩子都会有。孩子的嫉妒心从很小的时候就会有反应。引起孩子嫉妒的原因极多，在很多情况下，这种嫉妒会达到折磨人的程度。"实际上，嫉妒本身就是一种自私的表现，会使人在处理问题时完全以自己为中心、情绪化反应强烈、自控力差、缺乏理性，很难对事情的利弊做出恰当的判断。嫉妒对个人、集体和社会都起着耗损作用。如果放任这种缺点保留到长大以后，那么孩子就很难协调与他人的关系，也就很难心情舒畅地生活了。

妈妈应当细心留意孩子，从小培养孩子豁达、心胸开阔的性情，防止孩子产生强烈的嫉妒心。可以从以下几方面入手：

(1) 认真分析孩子嫉妒的原因

孩子产生嫉妒心理的原因是多样的，但总的说来，主要是孩子内在的消极因素和外部环境的消极因素相互影响、相互作用的结果。如在竞争中受挫会导致他对成功者的嫉妒，因教师对他人的表扬而产生嫉妒；因自己容貌、身材欠佳而对生理条件优越的同学产生嫉妒；因自己家境贫寒而对家庭社会、经济地位高的同学产生嫉妒等。再加上不当的家庭教育方式使得孩子渐渐缺乏自信，变得心胸狭窄。只有了解了孩子嫉妒心理产生的原因和根源，妈妈才能有针对性地进行教育。

(2) 帮助孩子正确地认识自我

"金无足赤，人无完人"，每个人都有自己的长处，也有自己的缺点。妈妈不但要正确地认识孩子，还要帮助孩子正确地认识自我。孩子们都喜欢受到表扬和鼓励。表扬得当，可以增加他的自信，促进他不断进步；如果表扬不当，就会使孩子骄傲，不能正确地、客观地进行自我评价，甚至一旦有人说别人好而没说他好，他就难以接受。例如人家取得了成就，便误以为是对自己的否定，对自己是威胁，损害了自己的"面子"。其实，这只不过是一种主观臆想。一个人的成功不仅要靠自己的努力，更要靠别人的帮助，荣誉既是自己的也是大家的，而孩子之所以产生嫉妒心理，是因为他还不能全面地看问题，不能对自己和他人进行正确的评价，这就要求妈妈在与孩子相处的过程中，要注意让孩子正确地认识自我。

(3) 教导孩子战胜嫉妒心的方法

为了防止孩子出现嫉妒心，使孩子心理能够保持在平衡的状态，我们要教导孩子不断充实自己，寻找新的自我价值，使原先不能满足的欲望得到补偿。让孩子懂得人无完人，任何人都不可能在所有的方面都超过别人。即使是那些学习成绩非常优秀的同学，也不会任何一门功课都比别人考得好。要教孩子学会找差距，找出自己不足的地方以确定自己今后努力的方向。

妈妈应当教孩子靠自己的聪明才智和努力去取得比对手更优秀的成绩，化嫉妒心为上进的动力。

（4）培养孩子博大的胸怀

有嫉妒心理的孩子，往往有自身的性格弱点。如与人交往时，喜欢做核心人物；当不能成为社交中心时，就会发脾气；不会感谢人，易受外界影响等。对有性格弱点的孩子，妈妈要悉心引导。在孩子面前，对获得成功的人多加赞美，并热情鼓励孩子虚心学习他人长处，积极支持孩子通过自己的努力去超越别人、战胜自己，使孩子的嫉妒心理得到正当的发泄。

对遭到不幸的人给予同情，不可纵容孩子幸灾乐祸，以助长孩子的嫉妒心理。对孩子的挫折，妈妈应当耐心地同孩子一起做认真的理性分析，帮助孩子找到失败的原因，支持孩子再做努力，绝不可任由孩子怨天尤人，垂头丧气。妈妈应教导孩子要对别人的成功感到由衷的高兴，对他人的不幸给予深切的同情，对自己的失败具有再造成功的信心。

嫉妒心强往往胸襟狭窄。具有这种性格的孩子事事斤斤计较，整天处在埋怨不平的情绪中。妈妈要教会孩子正确对待周围的事物，注意孩子的性格修养，养成乐于助人的习惯。

妈妈应帮助孩子形成"大处着眼，小处着手"的思维习惯，处事待人要谦和、肯包容，不与别人在一些无聊的小事上攀比。此外还要帮助孩子正确地评价自己，正确地认识社会，引导孩子走出自我为中心的小圈子，融入社会中去。

第四章

用宽容的目光赏识孩子

清代教育家颜元曾经说过:"教子十过,不如奖子一长。"美国著名心理学家威廉·詹姆斯也说:"人类本性上最深的企图之一是期望被赞美、钦佩、尊重。"希望得到他人的尊重和赞美,是人内心深处的一种愿望。

第四章 用宽容的目光赏识孩子

宽容是一道美丽的风景线

"海纳百川，有容乃大。"宽容是一种高尚的境界，宽容是一道美丽的风景线，谨希望我们的妈妈能有大海一样的胸怀，对孩子多一分宽容。让我们的孩子在宽松的环境中自由自在地成长。

南风和北风打赌，看谁的力量更强大，比试谁能脱掉行人的大衣。

北风先来。它鼓起劲，呼呼地吹着，直吹得冷风凛凛、寒冷刺骨，可是越刮，为了抵御北风的侵袭，行人越把大衣裹得紧紧的。

接下来是南风。南风徐徐吹动，轻柔温暖，顿时风和日丽，行人觉得春暖上身，渐觉有点儿热，于是开始解开纽扣，继而脱掉大衣，南风获得了胜利。

人们把这种以启发自我反省、满足自我需要而达到目的的做法称为"南风效应"。南风之所以能达到目的，就是因为它顺应了人的内在需要，使人的行为变为自觉。

"南风效应"给我们的启示是：在处理人与人之间的关系时，宽容比惩戒更有效。北风和南风都要使行人脱掉大衣，但由于方法不一样，结果大相径庭。

教育孩子也是如此，就如"南风效应"，用你的豁达和温和的激励教会孩子宽容是你应尽的教育责任。年轻的妈妈也许并没有意识到，孩子的宽容就是得益于自己的言传身教，但她至少懂得教导并鼓励孩子宽容的重要性。每个孩子都有一颗向上的、向善的心，关键是父母懂不懂得尊重、关心、赞赏自己的孩子，教会孩子用宽容的心态看待一切。

除了教会并鼓励孩子宽容他人外，作为妈妈，宽容孩子自身的错误，也是对孩子宽容心态的最好示范。

印度总理甘地成年后回忆起他的妈妈时说："妈妈宽容的态度挽救了我。"原来，甘地小时候曾一度染上烟瘾，而且吸得很厉害，甚至偷家里的钱去买烟抽。他一直受着良心的谴责，却又不敢向妈妈承认错误。终于有一天，他把自己吸烟的过程和内心的痛苦写了下来，交给妈妈，他以为会受到妈妈严厉地批评和责骂。哪知他的妈妈看过信后没有说任何话，只是久久地凝望着他，流下了眼泪。妈妈用宽容的心胸原谅了儿子，甘地也因此而学会了宽容。

心理学家说："当一个错误已经发生、覆水难收时，你发再大的脾气，也都于事无补。"大声责骂小孩，也只是使小孩更害怕、更恐惧而已，更糟糕的是，你的愤怒造就的可能就是一个胆小狭隘的孩子。在生活中，当错误已是既成的事实时，宽容孩子的错误，教会孩子勇敢面对、勇敢承担才是父母最好的选择。

有人说，宽容是一种美德，是做人的一种风度和境界。苏霍姆林斯基曾说过："有时宽容引起的道德震动比惩罚更强烈。"

曾经有人问大发明家爱迪生，对小时候打聋他的那位列车员有怎样的看法。令人感到震惊和意外的是，爱迪生并没有痛斥和指责那位伤害他的列车员，相反，爱迪生说："我非常感谢那个列车员，感谢他给了我一个听不到嘈杂的环境，以至于能让我专心致志地作研究，一心一意地完成更多的实验和发明。"

也许爱迪生的这番话会让那个打聋他的人无地自容，甚至会内疚一辈子。

正如法国著名作家雨果所说："最高贵的复仇方式是宽容。宽容就像清凉的甘露，浇灌了干涸的心灵；宽容就像温暖的壁炉，温暖了冰冷麻木的心；宽容就像不熄的火把，点燃了冰山下将要熄灭的火种。"

因此，宽容是一种博大的境界和意境，是人的一种涵养，也是一个人处世的经验，更是一种待人的艺术，为人的胸怀；它能包容人世间的喜怒哀乐，使人生跃上新的台阶。与人为善，就是与自己为善，与别人过不去就是与自己过不去。只有宽容地看待人生和体谅他人，才能在心理上释放自己，才可以获得一个轻松自在的人生。

"海纳百川，有容乃大。"宽容是一种高尚的境界，宽容是一道美丽的风景线。谨希望我们的妈妈都能有大海一样的胸怀，对他人，也对孩子多一分宽容。让我们的孩子在宽松的环境中自由自在地成长，也从你的言传身教中学会宽容。要知道，妈妈的豁达是对孩子宽容心态的最好激励。

一个孩子对我们的"告诫"

一位美国学者曾走访了20多个国家,对一万多名儿童进行调查,当问到孩子最大的心愿和要求时,答案竟是惊人的相同,他们对吃、穿、玩、用的东西都并不很在意,而普遍重视的却是精神生活和家庭气氛。

(1) 我很小,请不要要求我十全十美;我的腿很短,请慢些走路,以便我能跟上您。

(2) 我很小,请让我自己慢慢观察事物,希望您不要对我加以过分的限制。

(3) 我的童年是短暂的,请花一些时间讲给我听世界奇闻,不要把我当做取乐的玩具。

(4) 我需要您不断鼓励,不是整天责骂不休,可以批评我做错的事情,但不要指责我本人。

(5) 请爱护我,请抱我、指教我靠什么生活,训练我对人的礼貌。

(6) 请给我一些自由和空间,请允许我的错误和失败,以便从中汲取教训。

(7) 请带上我一起同您度周末,我渴望获得欢乐。

我们的孩子已经承受着来自各方面的巨大压力,做妈妈的真正爱孩子

第四章 用宽容的目光赏识孩子

的做法应该是在他们承受压力时适时地减压，帮助他们放松。要做到这一点，妈妈要首先自己放松，自己不是龙，为什么一定要让孩子成龙？大人、孩子终日承受着这样的压力，如何去享受生活的乐趣？

当然，我们能够理解，妈妈对孩子的严格要求和训练是想让孩子的行为和做事达到完美无缺。但只要我们静下心来仔细想想，就不难理解人类的行为大都是基于本能的反应，错误是不可避免的。如果妈妈们多关心孩子表现优秀的一面，并不断地给予鼓励，那么孩子犯错的次数一定会越来越少。相反，妈妈老是挑孩子的错，不仅会使孩子存在自己常犯错的阴影，还会使其对犯错产生恐惧感，这种恐惧心理可导致孩子拒绝做任何事。恐惧的压力会使孩子变得无能，进而认为凡事难以做得完美是因为自己愚笨和无能。

一个孩子说："妈妈，请您耐心地听听我所提出的问题。只有您肯听我讲，我才能向您学习去听别人讲。"您是否能听得出这番话里隐藏的委屈和挫折？

然而，现在耐心地听孩子讲话的大人越来越少了。常常看到有的人在小孩子靠近时不得不应酬一下，并说出"不善于与孩子打交道……"之类的话，说完就急忙躲开了。而作为孩子的妈妈，不是面对孩子主动说话，而是只顾看着报纸或电视随声附和地聊上几句，很少看到妈妈面对面地耐心地听孩子说话的情景。

我们都渴望有人听自己说话，在大多数的情形下，人与人不能沟通，就是因为只有人说话而没有人听。一个善于调解家庭纠纷的人说："我令一家人言归于好，真不费什么劲。我只是让每个人都有发言的机会，别的人都在听——但不准插嘴。往往这是全家人多年来初次细心聆听彼此说话。"

学会倾听不仅仅是一种表示赏识的形式，而且还是了解孩子最有效的途径，只有把耐心倾听孩子的话作为日常生活的具体行动，才能渐渐地看清楚孩子的世界，做妈妈的也会从中发现乐趣而不是苦恼。

继母和拿破仑·希尔

母爱是世界上最伟大、最无私的爱,也是孩子健康成长的必要条件。如果孩子从小得到母亲细心周到、无微不至的关怀,便会对周围人产生信任感,这种信任感是形成健全人格的基础。

美国著名的成功学家拿破仑·希尔曾经被认为是这样的孩子:把牧场的牛放跑了,让堤坝裂开了,或者一棵小树神秘地被放倒了,人们都认为是希尔干的,甚至无论出了什么事都这样认为。

于是,小希尔开始自暴自弃,一心想表现得比别人更坏,直到继母的出现,事实才有了转机。

这一天,他的继母第一次走进了家门。她走到每个房间,愉快地向每个人打招呼。当走到希尔面前时,希尔像枪杆一样站得笔直,双手交叉在胸前,冷漠地瞪着她,一丝欢迎的意思也没有。

"这就是拿破仑,"爸爸介绍说,"全家最坏的孩子。"

令希尔永生难忘的是继母当时所说的话。她把手放在希尔肩上,看着他,眼里闪烁着光芒。"最坏的孩子?"她说,"一点也不,他是全家最聪明的孩子,我们要把他的本性诱导出来。"从此以后,拿破仑正如他的继母所说的那样,成了全家最聪明的孩子。

继母造就了拿破仑·希尔,因为她相信他是个好孩子。

第四章 用宽容的目光赏识孩子

原因和奥妙在哪里呢？希尔的自尊心被继母唤醒了。

尊重意味着对个人的欣赏。英国著名作家毛姆说："自尊心是一种美德，是促使一个人不断向上发展的一种原动力。"一个人的心灵世界，是要靠尊严来支撑的。尊严可以带给人自信，也可改变一个人的命运。

孩子若相信妈妈爱他、尊重他，他就会比较容易接受自己的价值。反之，孩子会同妈妈一样无法接受自己。

自尊心是不甘落后、相信自己不比别人差并能超过他人的一种情感体验。妈妈不但要尊重孩子的自尊心，更应该以爱和赏识去培养孩子的自尊心，只有如此，孩子长大后才能形成健全的人格。

然而许多做妈妈的，根本不懂得自己的职责。他们不是以孩子为镜子，从孩子的一言一行中寻找自己的素质与管教艺术的问题，而是一味抱怨这不好那也不行，对子女进行百害而无一利的摧残，把一个个活泼可爱、朝气蓬勃的孩子，变成了没有志气、没有理想、自暴自弃、平庸地度过一生的人。这与我们维护孩子的自尊心的期望是何等的南辕北辙！

在儿童成长过程中，学习无疑是最主要的活动，所以妈妈容易以学习成绩来衡量一个孩子是否成功。就孩子个人而言，如果他的成绩与别人相比并不高，但他真的感到发挥了自己的潜能；如与自己比获得很大进步，对所学功课有一种胜任感，并因此得到心理满足，他就是成功的。相反，也许有的孩子比这个孩子成绩高许多，但完全没有这种感觉，只觉得学习是一种被动的活动，他就是不成功的。

有了这样的成败观，我们就会多些鼓励，少些抱怨，自然地维护了孩子的自尊，更容易达到交流的目的。

一位妈妈在《如果我能再次养大我的孩子》一文中写道：

如果我能再次养大我的孩子，我会先帮助孩子建立起他的自尊。

我会多用手指来画图，少用手指来指责。

我会少教训多沟通。

我会少用眼睛看表，多用眼睛看世界。

我会注意少知道一点，但知道多关心一些。

我不再扮演严肃的角色，且认真地去和孩子玩。

我会跑到更多的原野看更多的星星。

多拥抱，少拉扯。

我会经常看长着果实的橡树。

我不会那么固执，我会更加坚定。

我不再追求对权力的爱，我会效法爱的力量。

孩子的健康成长不只体现在身体上和智力上，也体现在心理上。一棵小树苗，只浇水施肥而不见阳光，就难以长成参天的大树。尊重对于孩子，就好比阳光对于小树苗一样。得不到尊重的孩子是无法长成妈妈期望中的参天大树的。

为了更多的"拿破仑·希尔"的诞生，我们建议：

尽可能多地与孩子在一起，小到散步，大到外出旅游，努力与孩子联络感情，多多了解孩子的想法。

允许孩子干自己力所能及的事，并且尊重孩子对自己物品的支配权，及时处理孩子因生理现象出现的心理负担，耐心倾听孩子的话，蹲下身去倾听孩子的想法。

第四章 用宽容的目光赏识孩子

欣赏孩子的创意

　　一位哲人曾说:"人类本质中最殷切的要求是——渴望被肯定。"欣赏是一根魔法棒,能够让孩子绽放灵感和生命的火花!妈妈怎样欣赏孩子的杰作呢?

　　我们来看一份对全国1904名妈妈关于欣赏自己孩子的哪些特点的问卷调查,排在第一的是传统观念上的"好孩子"。欣赏自己的孩子"有创造力、想象力丰富"的妈妈只占2.68%,排在第18位。欣赏自己的孩子"有强烈的好奇心"的妈妈的比例仅有1.05%。

　　事实上,在知识信息化、经济全球化、科技高速发展的今天,我们更需要具有创新意识、创新思维、创新能力的人才。因此,今天的妈妈应从小欣赏孩子的创新意识,有意识地培养孩子的求异思维,鼓励孩子提出与众不同的意见。

　　孩子的创意主要有下面一些表现:
　　①喜欢对权威提出挑战。
　　②喜欢寻根问底。
　　③对事物有强烈的好奇心。
　　④喜欢用实验手段进行研究。
　　⑤喜欢寻找所有的可能性。
　　⑥喜欢自己决定学习和研究的问题。
　　根据孩子身心发展的规律,欣赏与鼓励更能增强孩子的自信心,受到欣赏与鼓励的孩子更能保持对事物旺盛的兴趣。更重要的是，它能充分调动孩子的潜能，激发孩子创造的欲望。

心理学研究中有一个著名的皮格马利翁效应：一批专家到一所学校随意指认了几名学生，说他们将来会有成就，这几名很普通的学生几年后果然成长得非常出色，这个实验就说明了这个道理。

面对孩子的创意，妈妈应注意做到：

（1）对孩子创造活动中表现出来的主动探索精神应给予及时的肯定与鼓励。或许孩子在创造活动中会把事情做得很糟，甚至惹出了一些麻烦，但作为家长，必须对孩子创造活动中所表现出来的主动探索精神给予及时的肯定和鼓励。

（2）与孩子共同参加创造性的活动或研究，以平等的态度与孩子共同交流，用自己的行为表示对孩子创意的欣赏。就像爱迪生的妈妈那样，用和孩子一起做实验来表达对孩子的赞赏，最终使他登上了科学的高峰。

（3）给孩子足够的时间进行创造性思维，不急于向其预示解决问题的方法。妈妈应该让孩子知道这个道理："自己烧的饭更香，自己摘的果更甜。"只有给孩子足够的时间进行思考与探索，才能更好地促进创造性思维的发展。

（4）鼓励孩子从不同的角度看待、分析和理解问题。在这样的过程中，孩子的观察能力、求异思维也会得到很好的锻炼。

（5）应尽可能看到孩子的创意中所存在的积极方面，对于问题和不足给予适当引导或延缓评价。对于孩子来说，多鼓励，少批评更符合他们的年龄需求。

当孩子满怀欢喜和期待把他的创意呈现在妈妈面前时，妈妈千万要注意防止以下几种不良的家教方式：

（1）给他打分定等。仅仅期待别人评估的这种心情，就足以扼杀孩子的创意。即使评估的结果是赞美也不行，因为这样一来，孩子会把注意力集中在"别人会怎样说"上，而不是"我该怎么做"。

（2）奖励成为目的。妈妈往往以为奖励某种行为可以得到增强的效果，其实有关创意的、需要思考的工作，奖励也可能会成为拦路石。不要让奖励成为一种目的,而要真正地让创意成为孩子的乐趣。

(3)竞争的压力。总是把自家的孩子和别人放在一起比较,创意的翅膀就被加上了沉重的包袱。

(4)不给孩子选择的机会。妈妈严格规定孩子应该学什么,怎么学,并让他们记住并通过考试。孩子的所有创意就被扼杀在摇篮中。

用心去了解自己的孩子,学会欣赏孩子的创意,给孩子一个自由广阔的空间,那么,您就会惊奇地发现,您身边的孩子就是一个小小的创造之星呢!

怎样做一位好妈妈

妈妈是孩子精神上的支柱,是孩子温馨的港湾。对那些成绩差的孩子来说,他们也为自己的成绩不佳而深深苦恼,也为自己给父母带来的失望而深深自责。

一些孩子成绩不好,他们在心理上都比较脆弱,希望得到别人的理解和关怀。然而,他们得到的却往往与自己的愿望相反。有些妈妈不问青红皂白就将孩子斥责一顿,让孩子"改邪归正"。但这样做的结果,往往使孩子产生逆反心理。他们或者与妈妈对着干,或是自暴自弃、抑郁消沉,这样下去很可能让孩子永久地沦为差生。因此,对待成绩差的孩子,妈妈要用自己的关怀和理解来驱散孩子心头的阴云。孩子需要的是指导和帮助,而不是指责和惩罚。也许一个充满爱心的眼神,一句鼓励的话语,就能让孩子感到家的温暖和妈妈的关心,从而点燃他们心头的希望之火。

妈妈对待成绩差的孩子所应持的几种正确的态度:

(1) 爱心

我们常说"可怜天下父母心",以此来感叹父母对子女的无私的爱。但在现实生活中,我们又会经常听到有些妈妈这样抱怨自己的孩子:"这么不争气,养你有什么用?","请了家教还考得这么差,简直是浪费我们的钱!"也许这些都是气话,但孩子却把它当真了,而且从另一个侧面,这也反映出许多妈妈的一种心态——对孩子的爱不是无条件的,而是有条件的，至少需要孩子用听话、成绩好来交换。

爱是一种意识形态，需要有一个持久的意会过程。许多妈妈并不明白，也不理解这一点，以为自己付出了爱，孩子就应该马上感受到，就希望孩子立刻作出回应，这实在是一种不科学的主观想法。要想成为一个好妈妈，爱心是基本的要素。妈妈对孩子的爱是发自内心的，是无私的、不求回报的，重要的是，能让孩子感受到妈妈给予的爱，并为这种爱而感动、行动。

(2) 耐心

日常生活中，经常有一些妈妈动不动就斥责和打骂自己的孩子，多数原因就是妈妈在实施教育的时候缺乏耐心。他们常常因为孩子不能一下子领会自己的意图，或者学习、做事的时候稍有迟缓，就火冒三丈，大声斥骂，甚至动用暴力。这种没有耐心的教育方法，不仅起不到促进孩子进步的效果，相反还会使孩子产生自卑心理和逆反心理，久而久之，更会影响亲子关系。作为妈妈，一定要明白，培养孩子不是一件容易的事情，不能有半点儿的急躁心理，也没有任何捷径可走。所以，好妈妈需要有很好的耐心，要耐心地教育孩子，陪孩子玩，听他说，耐心地等他成长……

(3) 细心

有一位女士过生日，她的读小学一年级的儿子送给她的祝福竟然是："祝妈妈每天都不会被老师批评。"客人们觉得很好笑，就说："你妈妈现在没有老师管了。"谁知孩子又说："那么祝妈妈每天都不会被领导批评！"大家都说这孩子小小年纪倒挺会疼人的。但细心的妈妈想得更多，她从儿子给她的祝福声中感受到了儿子的内心世界。为此，生日会一结束，她就和儿子进行了一次长谈，终于知道了儿子说这句祝福语的前因后果。原来，儿子就读的学校是一所重点小学，学习要求比较高，有些课程教得快。智力一般的儿子跟得很累，觉得自己处处不如别人；又因为做作业动作慢，常常要被老师批评。凡此种种，儿子就觉得学习真是一件很辛苦的事情，而不被老师批评则是一件很难做到的事情。看到儿子刚上学就遭遇这样的挫折，这位妈妈很着急，她立刻和儿子的老师取得了联系，向老师坦言了儿子面临的困境和自己的担忧，请求老师给予帮助。极负责任的老师第二天就登门家访，并和孩子的母亲一起制定了富有成效的个案教育方法。后来在老师和妈妈的共同努力下，这个孩子终于顺利地闯过了他人生中的第一个求学关。

这位妈妈是细心的，她的细心帮助了儿子更快、更健康地成长，但并不是所有的孩子都像她的孩子这样幸运。当有些孩子不满现状决定离家出走的时候，当有些孩子误入歧途将要铸成大错的时候，当孩子受了委屈默默悲伤的时候，不知道他们的妈妈在做什么？又在想些什么？对孩子面临的困难，她们怎么会毫无知觉？如果不是缺乏爱心的话，最大的原因就应该是粗心。虽然生活中不乏粗心之人，粗心这个毛病也不容易改正，但是要想成为一个好妈妈，就必须改变自己，培育孩子的过程中就必须细心。

（4）信心

有位妈妈总嫌自己的女儿笨。可越说女儿笨，女儿真的就越不开窍。谈起女儿，这位妈妈总是唉声叹气，一家人的生活也因此过得闷沉沉的。后来这位妈妈参加了一个教育咨询会，在絮絮叨叨地数落了女儿的所有"笨"状后，她愁眉苦脸地问教育专家该怎么办。专家告诉她：做妈妈的永远不能对孩子说"你真笨"这句话，相反，应该常说"你是个聪明的孩子"，这样才会增强孩子的自信心，而自信心是一个人做好一切事情的最重要的前提条件之一。这位妈妈将信将疑，回去试着说了一段时间，没想到女儿真的不那么"笨"了，在课外兴趣班上还显露出绘画的天分，画的一张想象画被老师选送到少年宫展出。渐渐地，家里的气氛开始变得暖融融起来，母女俩的关系也变得融洽了。

孩子需要信心，妈妈也需要信心。许多妈妈已经认识到了家庭教育在孩子成长过程中的重要性，但对自己是否具备教育好孩子的能力，以及靠自己的能力是否能教育好孩子，有时候却缺乏信心。她们最喜欢说的一句话是："老师，我把孩子交给你了，要打要骂你看着办！"试想，一位对自己都缺乏信心的妈妈，怎么可能成为一个好妈妈呢？所以，好妈妈不仅要对孩子有信心，要相信孩子，鼓励孩子，帮助孩子树立自信心，更要对自己有信心，要相信自己的教育能力，要勉励自己勇敢地承担起教育子女的重任，要坚信通过自己和孩子的努力，孩子一定会不断地进步，一定会长大成才。

（5）恒心

孩子的成长是一个漫长的过程，教育子女更是一项长期而艰巨的任务。作为妈妈一定要有恒心，要坚持不懈地朝着既定目标对孩子进行教育和培养，绝不能"三天打鱼，两天晒网"，更不能碰到困难就轻易放弃。好妈妈教育孩子的时候，有长期的计划和短期的安排，他们知道循序渐进的教育原理，更知道"只要功夫深，铁杵也能磨成针"这个道理。

（6）平常心

现在的妈妈对子女成才的期望值普遍较高。一项调查显示，90%以上的妈妈希望自己的孩子能具备大学学历，83%的妈妈希望孩子将来能够成为大公司或大企业的白领。为了实现这个愿望，很多妈妈在孩子出生前就已经为他设计好了一条辉煌之路：上重点幼儿园、重点小学、重点中学、名牌大学、出国留洋，直至功成名就。

在督促孩子跋涉于成功之路时，许多妈妈还相互攀比，从而更加重了自己和孩子的负担。

有家大公司的总经理，虽然事业有成，但家庭并不太和睦。矛盾的起因并不像人们所猜测的那样夫妻不和，而是母女关系太紧张。原来她的女儿从小学一年级开始，学习成绩就一般，后来她花了赞助费把女儿送进了一所重点中学，没想到她成绩更差，这让自我感觉良好的她无法接受。听着自己下属的孩子如何优秀，她的内心越来越不平衡，经常责骂女儿丢了自己的面子，母女矛盾又演变为夫妻矛盾。

现实生活中，这种由于对孩子的期望值过高而引发的家庭矛盾越来越突出。一些妈妈视孩子为私有财产，对成绩的反应或物质刺激或棍棒教育，其结果可想而知。

及时鼓励孩子一点点的进步

心理学上有一个著名的强化/消失定律实验。它证明了人或动物的本能,如果没有得到强化,最后也会消失。强化/消失定律不仅仅是孩子和动物学习新行为的一种心理机制,也是成人通过肯定或否定的反馈信息来修正自己行为的手段。

科学家曾作过这样一个有趣的实验:

特制一个大水槽,把鲸鱼和它的食物都放了进去,很快,小鱼被吃得精光,偌大的水槽里只剩鲸鱼在满足地游来游去。

接下来,科学家把一块特殊材料做成的玻璃板放进水槽的中间,鲸鱼和小鱼被分别放到了玻璃板的两边。看到食物就在眼前,鲸鱼凶狠地朝小鱼游去。对它们来说,视觉上是区分不开有没有玻璃板的,于是,鲸鱼结结实实地撞到了板上。莫名其妙的鲸鱼继续朝食物游去,每次都撞得昏天暗地,直到终于懂得眼前这些小鱼是吃不到的。于是,鲸鱼放弃了继续进攻自己的猎物。

实验还在继续,科学家拿走了竖在鲸鱼和小鱼之间的玻璃板。小鱼看到鲸鱼就在眼前纷纷乱逃,鲸鱼却视眼前的食物如无物。再也没动过心思,多次的碰壁使鲸鱼认为:这些小鱼是吃不到的。最后,强大的鲸鱼居然饿死在水槽里,鲸鱼的猎食本能因为没有得到强化而消失了。

第四章 用宽容的目光赏识孩子

这就是心理学上著名的强化/消失定律实验。它证明了人或动物的本能，如果没有得到强化，最后也会消失。强化/消失定律不仅仅是孩子和动物学习新行为的一种心理机制，也是成人通过肯定或否定的反馈信息来修正自己行为的手段。

对于成长期的孩子来说，日常生活中的好习惯和坏习惯同时存在，如何鼓励孩子保持好习惯，矫正不良习惯，一直是困扰妈妈的难题。如果适当运用强化/消失定律来做这项工作，事情就会变得容易很多。

因此，心理学专家建议，在某些时候，妈妈应忽视孩子的负性行为，将自己的预期目标分成小步骤，一步一个脚印地做，这样就能很容易地改掉孩子的坏习惯。也就是说，如果一个孩子有不良的生活习惯或行为。妈妈不应该对此抓住不放，而应该找到孩子偶尔没有此不良行为的时候对孩子予以表扬。妈妈对孩子的每一个进步都能加以赞扬，即是对孩子的积极行为进行强化的最好方式。由于，质变是由量变引起的，平时大量的细微进步，积累起来才可能有大的变化。因此，对于妈妈来说，要想让自己的孩子获得"飞跃"，就应该对孩子的点滴进步进行强化。

然而现在很多妈妈都存在这样的问题，她们对孩子的期望比较高。总希望孩子能有"突变"，产生"飞跃"。因而对孩子一些细小的进步不是很注意，反应比较冷淡。

艾柯的物理成绩一直是所有功课中最差的，他最怕的功课也是物理。作为班里的尖子生，物理成绩的落后使得艾柯的总排名很受影响。这天，艾柯下定决心，丢开喜欢的功课，全面总攻物理，努力将它弄成最棒的一门。

转眼又到阶段性考试了，因为有了相当时间的突击备考。艾柯很沉着地走进了考场。

成绩出来了，虽然成绩没有突飞猛进，但是经过一段时间的努力，他的成绩相比以前，还是取得了一些成效。艾柯兴奋地把成果告诉了妈妈，而妈妈却满不在乎地说："有什么得意的，还差得远呢。"

顿时，艾柯像一个泄了气的皮球，站在那儿一动也不动。妈妈的否认，使他觉得所有的努力都白费了。从此，艾柯对于物理课的自信心完全丧失，他甚至开始怕上物理课。

也许那句"差得远"只是艾柯妈妈一句毫不在意的话。或者他只是为了不让儿子骄傲，但事实上，这轻描淡写的一句话给孩子幼小的心灵造成了永远的自卑与恐慌。试想妈妈能对艾柯这么说："好，儿子，有进步！但咱们还要争取更上一层楼。"也许这个时候妈妈给予儿子的就是足够的信心和勇气，让他去迎接更大的挑战。孩子肯定也不至于对自己的弱势项目完全失去信心。

妈妈对孩子的赞誉是他在学校争取更好表现的最大动力，而冷漠则会击溃孩子争取更好成绩的信心。可大人们就常常为了孩子在某些方面的不足，穷追猛打，致使大家的注意力都对准了孩子的坏的方面，以至于双方都丧失了信心。其实，对于动物，鼓励的手段是喂食物；而对于孩子，妈妈的爱、宽容、关怀、耐心、理解就是鼓励。

如果妈妈觉得孩子的进步太小，不愿意表达，会使孩子觉得妈妈对自己的进步漠不关心，认为自己的努力白费了。时间一长，就会使孩子失去进步的动力，原来可以改变一生的进步也会因为得不到强化而消失。因此，无论孩子是在阅读还是在学单调的起跳，无论是在学习乐器还是舞蹈，只要孩子有进步就应给予建设性的赞赏，每有好的表现就要加强鼓励。

赞美能够培养孩子积极的心态，这种心态对孩子继续发扬优点尤为重要，对激励孩子改正缺点同样也必不可少。

妈妈对孩子的每一点进步都能加以赞扬，即是对孩子的积极行为进行强化的最好方式。因此，如果一个孩子有不良的生活习惯或行为，妈妈不应该对此抓住不放，而应该找到孩子偶尔没有此不良行为的时候对孩子予以表扬。

不要过度地赞扬

难以想象,一个在生活中听惯了好话的孩子,将来对自己是否会有清醒的认识。长大了又是否能虚心地接受别人的批评或意见。虽然,我们现在提倡表扬孩子,然而还有一点需要注意的就是,我们提倡有分寸的赞扬。

过分的赞扬,往往让孩子产生一种错觉:自己就是最好的。于是,他们看不到自己的缺点,也不能正确认识自己所做的事,将来也未必能经受挫折和批评。

因此,天才教育家卡尔·威特虽然懂得鼓励孩子的重要性,但他更知道过度的赞美对孩子来说也是一种伤害。正因为威特的明智,才不至于让孩子在一片赞誉声中产生骄傲和自满的情绪,才能成就孩子一生的智慧。

威特提醒妈妈们:不要对孩子过多、过高地表扬,因为随便表扬,表扬也就失去了作用,也即是说,我们不能让孩子在受责备的环境中成长,但是也不能让他们整天泡在甜言蜜语里。所以,即使小威特学得非常好,他也只是说到"啊!不错"的程度,从不表扬过头。只有当小威特取得特别大的成就时,妈妈才抱着亲吻他,但这是不常有的。因此,在小威特心目中,妈妈的亲吻对他来说是非常可贵的。通过这种不同程度的表达方式,威特让小威特深深懂得获得赞扬的不易,也因此更加努力学习,而不是沉浸在赞赏声中忘乎所以。

据专家们研究表明,不是经过早期教育而是靠天赋产生的神童,只不过是一种病态的暂时现象。这样的神童,往往容易夭折,即"10岁神童,15岁才子,过了20岁是凡人"这一谚语所表达的现象。一些潜质很好的孩子之所以没能如愿地在未来成为栋梁，正是源于孩子的骄傲自满、狂妄自大。世上再没有比骄傲自大更可怕的了。骄傲自大会毁掉英才和天才。

所以，在威特长大一些以后，他妈妈就这样谆谆教诲他：知识能博得人们的赞赏，善行能得到上帝的赞誉。世上没有学问的人是很多的，由于他们自己没知识，所以一见到有知识的人就格外赞赏。然而人们的赞赏是反复无常的，既容易得到也容易失去；而上帝的赞赏是由于你积累了善行才得到的，来之不易，因而是永恒的。所以不要把人们的赞扬放在心上，喜欢听人表扬的人必然得忍受别人的中伤。被人中伤而悲观的人固然愚蠢，稍受表扬就忘乎所以的人更是愚蠢的。

威特还不厌其烦地告诫自己的儿子：无论怎样聪明，怎样通晓事理，怎样有知识的人，但与奥秘无穷的大自然相比，却只不过是九牛之一毛，沧海之一粟。只有粟粒大的一点知识就骄傲的人，实际上是很可怜的。

在现实中却有很多妈妈做不到这一点，她们总认为自己的孩子是最聪明的，尤其是知道了赞美的重要性后，更是无一遗漏地赞美孩子，比如："孩子，你扫的地真干净！""孩子，你的作文写的真棒！"等等，对孩子滥加表扬。然而当赞美之词成为极为常见的日常用语时，赞美的意义也会随之逊色。过滥的赞美如同甜得过分的糖果，吃多了，就会让孩子生腻。

尤其需要注意的是，有些时候，孩子明明表现得不好，妈妈却强要赞美他，更会给孩子造成心理压力。心理学家吉诺特通过研究发现：幼儿受到过分赞扬，但自己觉得不值得表扬时，就会产生不安的情绪。

我们提倡不要过多地表扬孩子，同时，我们也告诫妈妈不要过高地表扬孩子，赞美孩子作为激励孩子上进的一个手段，原本没错，但过高地赞美，则同样会起到负面的影响。

过高地评价孩子，不仅起不到赞美的正面作用，反而会使孩子过分地自负，不能正确地看待自己，不能谦虚上进。

另外，过高地赞美孩子，还会使孩子为自己设计过高的目标，他可能会因为妈妈寄予较高的希望，而更多地去努力，而他又未必能达到，这样妈妈原本通过赞美给孩子建立的自信心，也会受到沉重的打击。

过高的评价，会较大地影响孩子的自我印象和评价，所以，妈妈赞美孩子的时候要掌握分寸，把握语言的技巧，以免造成相反的效果。

总之，妈妈要记住，赞扬，只是对孩子努力的肯定，也许只要那么一点点适量的表扬就够了。

怎样表扬和惩罚孩子

表扬让人兴奋，感到光荣，为了再次得到表扬，孩子会继续努力，只要努力去做，事情就会做得更好。惩罚是一种负强化法，它在教育孩子方面也有着重要的作用，以便使孩子清醒地认识到什么是绝对不能做的。

《三字经》上说："子不教，父之过。"大多数妈妈往往简单地认为管教就等于"约束＋惩罚"。其实"管教"一词真正含意是："管理＋训练"，包括指导、约束、奖励、惩罚各方面的内容，妈妈们往往忽略指导和表扬的作用，尤其是在被孩子缠得头痛的时候，常常忘记"表扬"这根魔杖。教育孩子一定要以表扬为主，妈妈自己首先要清楚孩子表现不错时，要给予及时表扬，即使在孩子有一些不足的时候，如果在提出批评的同时仍能肯定他的优点，批评的效果会更好。适当的惩罚也是很必要的，但单靠惩罚绝不会收到良好的效果，它只能告诉孩子不该这样做，却不能告诉孩子怎样做是正确的，只有表扬、惩罚交替合理使用时，才能使孩子学会用好的行为代替不良行为。妈妈能灵活有效地运用奖、惩的原则和技巧之后，你将成为更自信、更果断、更有威信的妈妈，而你的孩子也会成为具有优良品行的孩子。记住，要像欣赏落日和晚霞那样，以平静的心情观察孩子的表现，无论发生了什么事情，都应该让孩子始终做这一事件的主角，而妈妈则应以冷静的旁观者和裁判员的态度对待孩子。

对于过分不合作的孩子要加重处罚。心理学家内森博士发明了一种纠正顽固的坏毛病的有效方法——过度纠正法，原则是在利用惩罚手段的同时教给孩子好的行为，使好行为逐渐代替坏习惯。比如：孩子在外面玩，三番五次地叫喊都不回来，妈妈只好亲自出马，将他扯回家。可一进家门，孩子就万事大吉了，拉开冰箱又吃又喝，自顾干自己的事去了，大人却还在耿耿于怀地唠叨不休。如果孩子已对妈妈的管束视如耳旁风，干脆以后喊一次就不再喊他了。等他自己回家时，不许进门，责令他出去，听到命令再进来，这样反复命令10次，进门10次，才算完成了进门仪式，当然次数可减少，在惩罚的同时告诉他，达到什么标准就可以顺利进门了，必要时可给一点小奖品，刺激他向好处争取。

总之，惩罚是教育过程中必不可少的手段，但使用时必须既要狠心、又要小心。时刻记住惩罚的目的是让孩子通过努力去避免惩罚而不是让孩子反复地体验惩罚，所以惩罚应尽可能少用，但是偶尔用一次，必须要达到一次的目的。过度地或过多地使用惩罚，会使孩子产生极度的焦虑，不但达不到应有效果，反而会产生心身损害，如产生对妈妈及学习等正常活动的厌恶情绪，顽固的逆反心理、自卑心理，自暴自弃或是极度超乎正常的完美主义心理，苛刻地自我约束，达到了神经质的程度。

下面重点谈一下关于奖赏的问题。奖赏有促进良好行为的作用，是一种外在的激励因素，从心理健康的角度看，应注重奖励而慎用惩罚，因为这样可以减弱失败给人带来的恐惧心理。一般来说，表扬、奖赏可以激起孩子努力向先进学习的积极性，在实际生活中，表扬是一种最廉价的，最易于使用也是最有效的方法，也正是最容易被人忽视的方法。奖赏是一种手段，若用得过多或不当也会失去效力，甚至发生弊端，使孩子成了奖品和金钱的奴隶，一旦取消奖赏，或赏金不理想，就再也打不起精神了，所以奖赏的方式方法也是应该讲究的。

现在孩子们的"物质"世界极大地丰富。当孩子的物欲已经基本满足了的时候，他最需要的是精神上的"奖酬"，更高层次的精神追求。比如：受到小朋友尊重和爱戴，令同学们羡慕等，孩子注重的是受到奖励时，在众人面前"挺有面子"的心理体验，而不是金钱、物质的奖品，因为那些东西通过其他更简便的途径就可以得到。

表扬、奖励，要力求使孩子能充分体验一种通过自己努力得到的心理上的"快感"，所以表扬应尽量当众执行，使他在伙伴中有面子，从而得到威信，这比悄悄地给买一个好玩具更令他珍惜。您是否注意过，妈妈给买的很贵重的玩具，玩不了几天就丢弃一旁了，而小孩子对那些从幼儿园得回来的小红花、小红旗一类的东西，却视若珍宝。因为在其他小朋友面前使他得到莫大的心理满足，这种满足是独生子女们在家庭中很难得到的。

有些妈妈，为了刺激孩子努力学习，在考试前许下诺言，考多少分奖什么奖品或者索性就说好奖多少钱，这种做法，可能起到短暂的激励效果，但不会持久，孩子很快就对这些奖品不屑一顾了，学习的积极性也随之消散了，同时会产生的两种弊端是：随着年龄的增长，奖品必然要升级，先是奖玩具随后是游戏机、滑板、自行车……逐渐把孩子推到了名牌效应的漩涡之中，因为这些奖品曾经使孩子在同伴中产生过令人羡慕的心理快感，孩子会想尽一切办法，利用物质优势使自己风光一阵，死撑住面子，非要出人头地。另一种效果是，随着年龄的增长，学习难度加大，高分数和三好生得来不易，奖品能拿到手的难度也会加大，孩子会发现，从别的渠道同样可以得到这样的物质实惠，而且省力得多，便对奖品嗤之以鼻了，这样就会失去了动力，学习成绩可能急剧下降。

面对孩子突出的进步和重大的成绩，怎么奖励？应该仔细分析孩子最珍重的是什么？最好是精神方面的，应该征求一下孩子的意见。可以提示他，例如：得到某些特许，可以特批看一场有意思的儿童片，到最喜欢的地方去玩一趟，给买一些有兴趣的课外读物，最好能请孩子所敬仰的人给题个字，写上一两句勉励的话。一方面使孩子对这次的成绩能被更充分地肯定，也可以使孩子通过这本书可以向其他小朋友炫耀，令小朋友们羡慕，孩子一定能更珍惜这本书，因为这本书象征着孩子努力的艰辛和成功后的喜悦，通过这些活动，虽然花钱不多，但是孩子能从中得到更大的激励。

一般地说，人都是愿意出风头的，希望做主角这是人所共同的天性，奖励方式还可以采取允许孩子把要好的同学请到家中小聚，与小伙伴共同欢庆胜利，这比给小孩子大操大办生日要有意义得多。

另外，要注意的是，我们努力改变的是孩子的不良行为，当孩子有进步的表现时，就要表扬，表扬的越具体越好，表扬是塑造好行为的得力工具。人的行为模式是可以塑造的，但人的个性是不易改变的，所以我们应表扬具体的行为，而不表扬人格，例如：告诉孩子"今天的作业很认真也整齐干净，这样你的成绩一定会提高的。""今天客人来的时候，你很有礼貌，我们很高兴看到你这样的表现。"而不要笼统表扬他是个好孩子，这样会使孩子不清楚，到底是哪一点表现不错，需要保持，怎么样就是一个完全的好孩子了？如果你把注意力放在改变孩子的行为上，孩子会一步一步地被塑造为一个充分发挥潜力，个性发展完全、举止得体的有魅力的人物。如果你的注意力放在改变他个性上，你会因为达不到目标而垂头丧气，甚至放弃表扬而陷入双方的混战之中。

心理学的实验结果表明，表扬与惩罚的应用要根据孩子的心理发展水平和个性特点。例如：对小学生应多采用赞扬方法，对中学生应赞扬与批评并用，如果通过集体舆论来进行赞扬与批评则效果更好，对自信心差的学生应更多地鼓励，对自信心过强的学生，则应及时地提出更高的要求。

心理学家从各个角度，对表扬与批评的影响进行了研究，结果可概括为：①从性别角度看，表扬对女生的作用更大些，批评对男生的作用更大些。②从学习能力角度讲，表扬对学习成绩差的学生作用更大，对学习一般的次之，对学习成绩优秀的学生作用最小。反之，批评对学习优秀者作用最好，对学习差者作用最小。③从性格角度讲，对内向的学生采用表扬比批评方法更有效，对外向的正相反，即采用批评的方法可更有效地提高学习动机。妈妈应根据不同孩子的特点，采取不同的方法。

帮助孩子快快乐乐地学习

世界上一切有作为的伟人，都是把学习，把劳动，把干事业当作生活的第一需要，当成乐趣，当成享受的人。他们有了高层次的人生苦乐观，便总能享受到高层次的人生乐趣。

辅导孩子学习要生动、具体

我们国家的教育,对儿童学习方法的训练和指导是一个薄弱的环节。孩子进入学校后妈妈们都希望自己的孩子"聪明"、"成绩好"。要想孩子学习好,就要加强对孩子的辅导。辅导方法要生动、具体,不要急于求成。

刚上一年级,在孩子的生活中是个转折:从自由自在的生活,过渡到有组织、有纪律、有约束的生活;由无计划的学习,过渡到有计划、有要求、带强制性的学习。所以,小学生要有个适应学校生活的过程,而有的人适应快一些,有的人慢一些,于是一个班的学生就会出现或好些或差些的现象。这并不奇怪,只要妈妈、老师密切配合,加强引导,后进的学生会很快赶上来,急于求成是无济于事的。

对孩子的学习辅导要不同情况不同对待。对学习差一点的孩子,辅导内容要以教材为主,不另外增加内容。方法上要多样化,具体、生动、形象、有趣,不能只简单地读呀,写呀,没完没了。比如,可以让孩子把当天学过的新内容,像老师教学生那样讲给妈妈听,孩子一边讲,妈妈可以一边提问,这样能启发他的积极思维,即巩固学过的知识,又培养口头表达能力。又比如,用字组成词,把学过的相同部首的字写出来,用同一个字词进行默写、造句、填空、写出同义词或反义词,等等。数学,可以练习口算,也可结合日常生活编题计算。比如:买铅笔若干支花了××元,买本子花了××元,一共花了多少元?先念题,再说说题中的条件,搞清求的是什么，然后再计算，这样可以提高孩子分析问题和解决问题的能力。

妈妈在辅导孩子学习时，应帮助孩子处理好以下几个关系：

(1) 预习、听课和复习的关系

预习找疑难、听课抓重点、复习连新旧（把旧知识和新知识联系起来，纳入已有的知识结构）。

充分利用课堂时间，提高课堂效率。经常回忆所学的内容，及时巩固所学的知识。

(2) 平时学习和复习考试的关系

学习是认知活动，必须符合认知规律，持之以恒、循序渐进效果才能好。考试是对平时学习的检验，但平时不认真学、考前熬几夜、考后大松懈的现象，是无法使知识巩固的，这也是很多孩子平时分数不错、高考砸锅的原因。

(3) 学习、休息和锻炼的关系

目前，从小学五年级起，就有一些孩子不注意身体锻炼，尤其是女孩子，连课间十分钟都不肯到外边活动活动，不仅对身体不利，也影响学习效果。妈妈要督促这样的孩子锻炼和休息。

(4) 处理好文科和理科的关系

仔细观察，小学高年级就有些孩子开始偏科，这对他们以后的发展极为不利。因为中小学的课程是基础，缺了哪一方面都影响知识结构的完整性，使思维的广度和深度受到限制。在现代社会中，越来越要求人们全面发展，有较高的综合素质，我们应使孩子们逐渐懂得这一点。

(5) 处理好课内知识与课外知识的关系

课内知识为主，有精力时尽量让孩子接触课外的知识，打开思路，开阔视野，以课外知识补充课内知识，促进课内知识的学习。

(6) 处理好具体知识与学习方法的关系

帮助孩子在学习具体知识时，同时注意它的结构和掌握运用它的方法。注意提高孩子的分析力、观察力、概括力、想象力。好的方法可以加速学习，而方法又是在学习过程中形成的。方法的好坏是通过掌握具体知识的快慢及效果验证出来的。因此，我们应鼓励孩子用多种方法来思考问题。如解应用题、证几何题，有几种解法和证法，应该都让孩子找出来，然后加以比较，选出最佳方案。我们还可以告诉孩子，有的方法前人总结出来了，有的还等待着我们去发现、去总结。

(7) 虚心和自信心的关系

虚心和自信心是缺一不可的。虚心可以使人不断取人之长补己之短，自信心可以给人以勇气，使人敢想敢做，二者都是前进中所需要的心理品质，是相辅相成的。

妈妈还要帮助孩子养成良好的复习习惯。最初，家长要和孩子一起复习，每天半小时，开始要有点强制性，以后让其独立进行，妈妈不定时检查效果，使其由不自觉到自觉。

另外，到学校可用电话一直保持与老师的联系，及时了解孩子的表现，如：上课听讲注意力如何？回答问题是否积极？完成作业如何？上课时是否有小动作？与同学关系如何？等等，再请老师帮助想想办法，这样就可以"对症下药"了。

为孩子选择适合的学习方式

孩子学习方法的好坏对学习成绩有很大的影响。因而，妈妈对孩子学习的指导不只是教会课本上的内容，还要使孩子掌握有效的学习方法。

对于大多数有孩子在读书的妈妈来说，她们既对孩子寄予很大希望，望子成龙，同时又常常为他们的未来而担忧。妈妈们常常为了孩子在这学期怎样才能取得好的成绩，做妈妈的应该怎样才能帮助他们把家庭作业做得更好而操心。美国的教育研究人员经过大量研究，对此提出了一个很有启发性的观点。他们发现每一个人都有一个最适合他们的最佳学习方式。已经发现有20多种因素影响人的学习效果。这些因素包括房间的温度高低，噪音大小到诸如记忆力、分析能力这些认知能力等等。在分析了各种因素的作用之后，研究人员提出了一套学习方式评估方法。采用这种方法，可以知道你的孩子适合于何种学习方式，从而使教师和妈妈能更有效地教育孩子。

妈妈可以经常观察孩子的学习方式，以便在家中能给予他们有益的帮助。

孩子的学习类型有：

操作型： 在这些孩子的学习过程中需要多安排一些动手活动，如制作模型、实验、观察等。

视觉型： 这些孩子对由眼睛接收的信息能记得很牢。看电视、看教学电视节目，参观博物馆，对他们掌握知识会有很大帮助。

非正统型：这些孩子不习惯按常规的方式进行学习。例如他们在安乐椅中躺着看书的效果比正正规规坐在书桌前更好。

轻松型：这些孩子希望房间里有一定的噪音作为陪衬，以便使他们能集中注意力。收音机中的摇滚乐不但不会分散他们的注意力，反而使他们学习效果更好。

陪伴型：他们希望和一个同伴一起学习，这比一个人或一群人在一起时效果更佳。家长应考虑允许孩子和他的一位朋友一块做功课。

运动型：他们在学习时喜欢运动并做短暂休息。喝一口水或看一看窗外景致能使他们思路更为开阔，注意力更集中。

找到了适合孩子的学习方式就为成功的学习创造了条件。在学习过程中，孩子们常常有这样的体会：明明会做的题却总丢分。我们对这个问题应如何看待呢？

妈妈："这次考试你又错三道题。你是根本不会，还是算错了？"

孩子："我都会做，就是心里太慌算错了。"

妈妈："太粗心！"

看那妈妈的神态，开始很恼火。当她听孩子说都"会"时，气似乎消了些，进而又变成一种安慰了。

最近又碰到这位妈妈，我问她的孩子学习是否有进步。她苦着脸说："有什么办法？明明会的题，一算就错。"

到底怎么看待孩子说的这个"会"字呢？

对于"会"不能简单地去理解。许多孩子认为，学了一个定理，能套公式做题就算会了。譬如学了长方形面积公式 $S=ab$（长方形面积等于长乘以宽），知道两个量，求第三个量，简单地把数字"代入"就算"会"了。其实，掌握一个概念和定理不是那么简单的，需先了解这个概念和定理是解决什么问题。要认识这一点，必然牵扯到知识的前后联系。这种联系可能是纵的因果关系、递进关系；也可能是横的并列关系。联系找到了，概念和定理就不是孤立的了。其次，要了解概念和定理的表述方式。并不是所有的概念都用公式来表述，如果学习时只盯着公式，就不能从文字表述中掌握概念的内涵。表述概念的语言是很精炼的，关键性的词语必须弄得懂，它们是理解概念和定理的一把钥匙。另外，还要了解一个概念或一个定理的应用范围和条件。真理总是相对的，只是盲目地"代入"，当然要出错了。运用定理的范围和条件，往往是通过说明和补充来表述的。还有公式中各量要求使用的单位，有的学生对这些往往是忽略了的。面对孩子的错题，妈妈应从这些方面引导他们检查自己对概念和定理的理解程度。"会"应该表现为掌握概念或定理的全过程，而不是简单地、填空式地硬套。

真正的"会"，还应该包括运算的全过程。运算过程中的错误，有些可能是粗心造成的，但更多的是反映了过去一些概念没有学懂、学透。单位换算的错误、正负号的错误、通分约分的错误，以及小数点的用法等，在综合运算中这可能是技术问题，单独抽出来看，这又是一个概念问题了。如果这些错误屡次出现，更说明基础知识上的缺欠。如果不下工夫弥补，在关键性的考试中，错误也是不能避免的。现在用"粗心"二字，原谅自己，安慰自己，将来会造成终生的遗恨。

真正的"会"，还表现为一种验算能力。验算不能简单地理解为重做一遍。如果前面的思路错了，再重复也发现不了问题。验算是从另一个角度重新思考。方程的解可以用代入法验算，平面几何可以在草图上检查。有些直观的问题还可以凭生活中的常识估量。有个孩子算一道题，求汽车的速度。他的答案是每小时2000千米。凭常识就可以判定，目前世界上哪有那么快的汽车！验算实际上就是培养学习的"自检"能力。不会自检的人，将来出去工作也要吃苦头。目前，许多工厂、企业都在推广全面质量管理的方法。工人们不仅要从成品中找到废品，还要找到产生废品的生产环节，进而找到改进和克服的方法，妈妈也要引导孩子对自己的学习进行质量管理，当孩子把"自检能力"引进之后，离真正的"会"就不远了。

写好作文，应从感兴趣起步

孩子读写基本功扎实了，提高作文成绩则是顺水推舟的事。我们从两个方面，分别讨论一下如何抓孩子读写基本功的培养。

（1）培养兴趣、丰富生活

为了使孩子喜欢作文，要善于诱导，既晓之以理，又动之以情才行。

老孙的孩子是个学习作文的中等生。让他多在作文上下工夫，他把小嘴一撅，蛮有理地说："我长大又不当作家，作文学不学没关系！"老孙耐心地给孩子摆事实讲道理："我是教育局干部，你妈是小学教师，我们都不是诗人、作家吧？可是，这半年时间，我们'作文'的次数可不少啊！订工作计划，写工作总结，写读书笔记，给昆明奶奶家、哈尔滨二叔家等亲朋写信，这就是我们的作文啊！几十年来，我们动笔的次数也不比你们少。试想，你从小不把作文学好，长大连份工作总结都交不出，连给我们写信都语句不通顺，那成吗？"老孙的话像春雨滴滴入土，孩子心悦诚服了。

老周的孩子则属于另一种情况。这姑娘很好学，但重理轻文，一心想当科学家。在她那思维小天地里，认为数学必须学好，作文过得去就行。老周并不多说话，带孩子到书店，让孩子去"农林"、"机电"、"医药"和"数理"等书柜翻翻，看看科学工作者都写了些什么书。回家后，孩子在日记里写道:"……《果树栽培》《拖拉机制造》《实用科学》和《十万个为什么》等,都是厚厚的书。原来,这些科学家也都会作文啊!"这就叫启发。在生活实践中学生自己"悟"出来的道理,往往比大人直接讲的那些话更深刻。

老冯的孩子作文似乎入点门,但常常叫喊"不知道写什么"。于是,家长便在丰富生活方面帮一把。晚上,打开电视机,"新闻"、"祖国各地"、"动物世界"和"文化生活"等节目,指点孩子用心看;星期日,商场、公园、展览会和郊外名胜,经常带孩子去走一走。平日里,力所能及的活儿,指使孩子去干干;邻里间、助人为乐的事,提醒孩子走在前。这样坚持做下去,孩子的生活面宽了,作文的选材能力便有了显著提高。相反,由于孩子学习不太好,老吴家规森严,星期一至五不许看电视,不许去公园,不许看"杂"书,不许玩……这样,孩子处于半封闭状态,当然写不出好文章来。

兴趣的培养、生活的积累要长时间坚持,孩子热爱作文的良好习惯才能逐步形成。

(2) 学好语文课的字词句段篇

语文是小学里的主要学科之一。每周约上十节语文课,字词句段篇的基本功练得扎扎实实,才有可能学好作文。这里,具体的要求多得很,家长可从以下几点尽力辅导:

要让孩子写一笔好字。当前部分学生和青年,字写得很糟。而一个作文好的学生,能写一笔好字,实在是必要的。怎么指导呢?低年级语文书里,每课下面都有范字,妈妈一定要要求孩子照那个样子写。要告诉孩子,草书是另一门学问,小学阶段不写连笔字。

要指点孩子学会查字典。查字典与作文的关系太密切了。在小学阶段,两种基本的查字法,孩子一定要掌握。看到生字不认识,用部首查字法。例如:最近消化不好,大夫给了我一包酵母片。酉部,7笔,读音 jiào(俗读 xiào)。不翻一下字典,这个字很可能读成"孝"。

会读而不会写时，用音序查字典。如：星期日，奶奶买回一个新饼铛（chēng）。不翻一下字典，怎么能写对这个字呢？

要注意孩子的造句作业。造句练习，教师抓得都很紧。妈妈应经常看看孩子的造句练习本，分析一下孩子的语言表达能力。一个句子都写不通顺，作文能写好吗？例如：

爱戴——我们都爱戴红领巾。这是对词语不理解，分成"爱"与"戴"两个词了。

不但……而且……——叔叔不但能看大学的科技书，而且能看小人书。这是对句子不理解，思想混乱。

一篇文章是由若干个句子构成的。我们在批改作文时，遇到语句差的文章，几乎句句都有毛病，真难办。对这样的孩子，只讲些作文方法是没什么大用的。可见，从低年级起引导孩子过好句子"关"是何等重要啊！

要鼓励孩子多练练写片断。片断练习是由句到篇的中间站。写片断，费时不多，对孩子的观察能力和语言表达能力都是很好的锻炼。例如：

我的小剪刀

暑假里，大姨从香港演出归来，送给我一把小剪刀。它的骨架是蓝色的塑料，前头是两面闪光的刀片。我自从有了它，做了许多纸的模型玩具。这把小剪刀是我国台湾的产品，我多么盼望有一天，能和台湾的小朋友在一起，用这把小剪刀剪出"亲人团聚"的字样啊！

要把课文的突出优点学到手。翻开孩子的语文书，妈妈可以问一问，"读了这课，对你的作文有什么帮助？"一篇课文，优点很多。但是，对这个年级、这个班和自己的孩子来说，应该首先学到哪些优点，这是要求孩子必须掌握的。这样，学一课，有一得，就能进步得更快了。

关于如何学好语文的字词句段篇的具体问题，这里不能一一枚举。妈妈掌握好读与写的密切关系，督促孩子用功就是。作文是朵花，语文的基本功则是根、茎、叶。要想花朵开得艳，不在"本"上下工夫不行。

孩子做应用题发怵怎么办

应用题在小学数学中占很大比重,既是重点,又是难点。因为在应用题的解答过程中,出现了从实际问题到数量关系,再从数量关系到列算术式的一系列转化过程。

解应用题有一个较为复杂的过程,对于孩子来讲具有一定的难度。正因为此,在解答应用题的过程中,既可以培养和发展孩子的逻辑思维能力,还可以培养孩子解决实际问题的能力。

妈妈见到孩子对应用题发怵,不要急躁,首先要问清原因,再根据不同情况采取不同的方法。

(1) 让孩子打好基础

孩子的基础知识掌握得不好是一个重要原因,尤其是一些中、高年级学生,由于低年级的底子没有打好,学习一些较复杂的应用题感到吃力。遇到这种情况怎么办呢?中、高年级孩子的妈妈应该配合教师,让孩子一步步把最简单的应用题掌握好,就像盖高楼要打好地基一样,这一类应用题的基本的数量关系是孩子学习多步应用题的基础。高年级的后进生也应从这里补起。除此之外,解答应用题时常用的几组数量关系也应该让孩子能做到对答如流。如日常生活中常见的单价、数量、总价;亩产量、亩数、总产量;速度、时间、路程;工作效率、工作时间、工作总量等。学习典型应用题要引导孩子去掌握规律,学习求体积应用题时应该让孩子把各种平面图形、立体图形的周长、面积、体积公式及数量之间的进率、换算率背得滚瓜烂熟，这些基本知识都是与解答应用题密切相关的，妈妈要督促孩子经常复习巩固这些知识，以便提高孩子解答应用题的能力和效率。

（2）学会用分析的方法解应用题

孩子没有掌握分析的方法也是影响孩子学好应用题的原因之一。很多孩子拿到应用题，不会很好地分析其中的数量关系。尤其到了中高年级，见到较复杂的应用题，由于条件多，理不出头绪，不知从何入手进行分析，常常感到茫然不知所措。遇到这种情况，妈妈应注重对孩子分析能力的培养。拿到应用题后，要引导孩子回忆老师讲授的分析方法。无论从问题入手，还是从条件入手，都应一步步推理、分析，找到数量之间的相互依存的关系。妈妈应尽可能让孩子说说他是怎么想的，如果孩子能把自己的做法说清楚，那么无疑他的思路是清楚的。另外还可以让孩子在纸上用模型图写写推理过程或画画线段图。如果妈妈能长期注重孩子分析推理能力的培养，那么孩子独立解答应用题的能力就会提高了。

（3）养成认真审题的习惯

没有认真审题的好习惯也是孩子做不好应用题的重要原因之一。很多孩子拿到题后，常常是粗粗浏览一遍就匆匆动手列式，这样式子往往列不正确；还有一些孩子由于语文水平差，甚至连题都读不懂。遇到这种情况，妈妈应该注意培养孩子认真审题的习惯，要求孩子在做应用题之前认真读题、反复读题，避免一读而过，一做就错。读题时至少要三遍，第一遍读应用题的内容，了解题目中的条件和问题是什么。第二遍找关系，想想已知条件和未知条件，已知条件和未知条件之间的数量关系是什么。第三遍定思路，根据数量关系初步确定解题的方法。如果三遍不行，还应读四遍、五遍……同时，在审题时要反复引导孩子理解题目中的"增加"、"增加到"；"减少"、"减少到"；"多"、"少"、"比……多"、"比……少"；"提高"、"降低"等重要概念。所以培养孩子认真审题是做任何类型应用题的第一个重要步骤。

（4）上课要认真听讲

课堂上造成的知识漏洞也是孩子学习应用题困难的原因之一。一些反应较慢的孩子，在课堂上往往由于跟不上老师讲课的速度而影响听课的效果。这些孩子一般又不善于发问，回到家里做应用题不免会遇到问题。妈妈如果对孩子怒气冲冲地斥责和埋怨，久而久之会造成孩子的自卑感，一看到应用题就觉得自己不会做，失去了战胜困难的信心和勇气。遇到这种情况，妈妈应该教育孩子上课要认真听讲。同时，在做作业之前先让孩子把老师白天讲课的内容复述一遍，必要时可以追问几个为什么。还应该培养孩子阅读数学书的能力，一定要求孩子先看书，后做题。看书时指导孩子要：一看当天讲的例题和插图；二看算式旁的思维过程；三看例题的计算方法；四看解答格式。这样可以使孩子在做作业之前首先重温一下当天学到的知识。既补了漏洞又培养了孩子读书的好习惯。

（5）多观察，增加知识的宽度

孩子的生活范围窄，知识面有限，使他们对一些应用题的情节不熟悉，不理解。尤其是一些需要空间想象能力的（如形体的表面积、体积、容积的计算题），常常使孩子感到困难。针对这种情况，妈妈应该有意识地注意培养孩子的观察能力。比如观察家里的茶叶筒、罐头筒。还可以把罐头外的包装纸取下来，展开铺平，观察圆柱体的侧面积。观察家中一些生活用具的占地面积、墙壁的粉刷面积、喷漆面积以及衣柜、电冰箱的容积等。当妈妈带着孩子去公园游玩时，可以在小树林里实地考察一下株距和行距，让他亲眼看看株距和行距相乘得到的面积是什么。如果想求一定面积内种植的株数都需要哪些条件……孩子们观察多了，对应用题的理解也就深了。

（6）家长不要包办代替

妈妈的包办代替影响了孩子发展思维能力，也是孩子不能独立做题的原因之一。妈妈一定不要代替孩子完成应用题作业，而要鼓励孩子大胆思索，发展思维的灵活性和独创性。妈妈可以引导孩子一题多解，用不同的方法，从不同的角度去想办法解决问题。当孩子的积极性一旦激发起来之后，他们的创造力是无穷的。

怎样对待做作业拖拉的孩子

多数孩子写作业都比较拖拉，往往几十分钟的作业要花整整一个晚上的时间。如果父母不管，第二天就交不了作业。我们也常常听到有些妈妈抱怨孩子："才写两个字就开始玩，要是他能拿出看电视的认真劲儿写作业，就不用操心了。"

遇到孩子做作业拖拉的情况，妈妈要首先给孩子规定时间。孩子在学校里的学习是有严格时间规定的，如每天上课、下课，都有固定时间，不能想上多久就上多久，也不能想玩多久就玩多久。孩子在家里也应该有固定的学习时间。例如，放学后最好先写作业后玩儿，或者在晚饭后稍稍休息一下，立即做功课。有关调查表明，学习好的学生，一般都在严格规定的时间内准备功课，这样做的好处，主要是帮助学生形成一种时间定向，到了什么时间就自然而然地产生了做什么事情的愿望。如，到了规定的写作业时间，孩子的学习愿望和情绪就会出现。这种时间定向能在很大程度上使投入学习的准备时间减少到最低限度，使孩子能够很快地进入学习状态，开始专心学习。

同时，训练孩子的专注能力也是很重要的一环。有的孩子在写作业时喜欢摸摸这儿、看看那儿，迟迟进入不了学习状态；有的孩子写作业时总有许多毫无意义的停顿，刚写几个字就站了起来，或者说几句闲话等等。表面看，这些孩子一直在写作业，但实际上学习效率极低，既白白浪费了时间，又会养成做事心不在焉的坏习惯。久而久之，会造成思维迟钝，注意紧张度降低，影响智力发展，使学业落后，以致形成拖沓的作风，学习、工作都没有效率。所以，在对孩子的写作业要求上，不要只满足于孩子"一坐就是几个小时"，而要教育他们在规定的时间内精神专注，高效率地完成任务，帮助孩子学会控制干扰，训练他们高度的专注能力。

今年刚上一年级的小辉，作业拖拉、磨蹭，妈妈每天花大量时间来督促，他还不一定能完成作业。妈妈想尽办法软硬兼施，也难以见效。为解决这样的问题，妈妈可从孩子做作业的准备工作是否充足、环境配合是否理想等方面去考虑问题，并运用一些辅导策略来帮助孩子按时完成作业。

（1）找出孩子不能顺利完成作业的原因

连续几天观察孩子做作业的情形，找出症结所在。一般初入学的孩子因握笔能力不佳、笔画掌握不好而速度慢，这时，即使妈妈一味地催促"快快快"，孩子也很难快起来。即使真的快起来了，作业的质量也难以保证。

（2）培养先完成功课再玩的习惯

做作业是每天的例行工作，妈妈要向孩子说明做作业与学习的关系，更应坚持做完作业才能玩的原则。当然，如果有特殊情况，可适当调整做作业时间。

（3）了解作业是否过多

低年级孩子注意力持续时间最多半小时，作业过多，影响孩子的学习兴趣。应了解孩子的作业量和完成所需的时间，及时与老师沟通。

（4）找出干扰孩子注意力的因素

桌面上多余的东西常是转移孩子注意力的主要因素。孩子写作业之前，妈妈要和孩子一起清除桌面及临近区域的杂物，这样可以避免边写边玩的情况发生。渐渐地，妈妈还可以帮孩子养成好习惯，写作业之前自己先收拾好附近的杂物，不让这些东西干扰自己。这不仅是对孩子负责任的态度，也是孩子做好写作业心理准备的重要环节。

孩子的作业潦草怎么办

孩子学习"马大哈"的种种表现,这在小学生中很有些代表性,有不少学生到了小学高年级,甚至中学还存在。造成小学低年级学生学习粗枝大叶、马马虎虎的原因是多方面的,其中主要是与小学低年级孩子心理发展的特点有关系。

常言道:"文如其人。"书面是否规范整洁,往往能反映出一个人对学习、对工作的认真程度,也会使别人对自己有个良好的第一印象。老师们也会承认,对于那些书法漂亮、字迹工整、文面整洁的作业或卷子,总会自然而然地多几分"优待"。低年级学生由于贪玩,往往会潦草地完成作业,作业中经常会出现这样那样的错误,造成学习成绩落后。妈妈可以试着使用如下方法帮助孩子克服作业潦草现象:

(1) 预防法

在孩子完成作业前,妈妈提出适当要求,防止潦草。

(2) 换本法

妈妈不妨试一试让孩子互相"换本"做作业。所谓"换本法"做作业,是指同学之间相互交换作业本做练习,把作业做在同桌或好友的作业本上,每一次换本做作业之后,必须签上名,这样的作业必须对同桌或好友负责,培养孩子的责任感。通过相互交换,相互接触别的同学的作业本,促使同学间广泛地相互交流,及时改正学习中的错误,形成作业的良性循环,有利于增强孩子的评判水平和自我约束的能力。

"换本法"作业不分优差,大家都可为别人做榜样,包括平时学习能力比较差的学生。因为是将作业做在别的同学的作业本上,要给别人做榜样,所以他们也会相当的认真。"换本法"做作业,一般一个星期做一次,宜选新的小节的第一次作业。有一个案例:丁一山的作业一直都很马虎、潦草,经常出错,在老师的建议下,丁一山的妈妈使用了"换本法"做作业,让丁一山和好朋友冯哲交换作业本做一次家庭作业。丁一山拿到冯哲的作业本后,看见冯哲的作业写得非常清晰、干净,而且想到,冯哲拿到自己的本子后,也会看见这次由他代写的作业,就不好意思涂抹、潦草了事。结果,丁一山这次家庭作业写得特别认真。当丁一山拿回自己的作业本后,看见冯哲写的那页得了100分,而且和自己以前的作业比较也差别很大。从此,丁一山每次做作业都很认真,不但不马虎了,而且还写得非常整齐。

(3) 对比法

当孩子作业有了一些进步时,用表扬来激励孩子继续努力,不断进步。当孩子出现退步时,用夸奖他以前的好作业来抑制错误行为。妈妈也可以把孩子写得好的作业和写得不好的作业进行对比,把两种作业贴在墙上,让孩子不断地进行比较,并提醒孩子认真、仔细。

(4) 重写法

经过多次诱导,孩子还是潦草地完成作业,妈妈需用强制的手段,让孩子重写作业,使孩子重视作业质量。

孩子学好英语的七个捷径

现在绝大部分小学开设了英语课程。学习一个新的语种，不论是对于孩子还是大人都会感到困难。我们要努力为孩子创造一个英语环境，使他们多听、多看、多说、多写，帮助孩子提高英语水平。

（1）坚持听说先入为主

在学习英语的开始阶段就要加大听说训练的比重。除了仔细听懂老师的发音或者课本磁带录音并认真模仿外，还要努力模仿课本中所学的语言材料的内容，并且多收听有关的英语广播或者影视作品。妈妈要努力为孩子创造一个英语的环境。这样做，可以有效地提高孩子在实际中使用英语的能力。

（2）坚持开口说话

在英语学习中切忌只用眼与手的"哑语"学习方法。不乐于开口，不勇于开口是学不好英语的。从学习第一个字母起，就要乐于开口。要养成良好的朗读习惯，大声朗读单词、朗读句子、朗读课文。学习课文时，尤其要把好开口关。每天早晨或晚饭后要让孩子坚持课文的朗读训练。较短课文可以在朗读的基础上进行背诵。较长的课文要坚持学会改写成短文，并在写好短文的基础上能够口头转述这类课文。要养成在课堂上用英语回答老师提出的各种问题的良好习惯，还要养成在课外说英语的好习惯。坚持每天早上用20

分钟到半小时说英语。语言学家指出，为了有效地学习外语，每周朗读课文、记句子、单词、词组的平均时数不得少于 10～12 小时。

（3）积极参加课堂活动

鼓励孩子在课堂上争取机会回答问题，如朗读背诵课文或在黑板上做练习，当别的同学回答问题或翻译句子时，孩子应当在心中默答、验证一下他的句子是否正确。不要等老师叫到他时，才参与课堂活动。积极参加课堂活动，有利于脑、眼、口的高度协调，对增强学习效果、提高学习兴趣都有极大的作用。

（4）做好课堂笔记

老师讲课时，要让孩子尽可能记下老师说的内容，使孩子的思路始终跟着老师转。上课时老师讲的都是语言规则、重点和难点。这样一方面紧跟老师，不致走神，另一方面又练习了写的能力。

（5）定时复习

每天课后要让孩子复习当天的内容，过一个阶段，还要进行阶段复习，使所学的知识在脑子里留下深深的痕迹。

（6）认真书写，认真完成书面作业

从字母书写开始，就要让孩子按要求进行书写。要养成良好的书写习惯，写好每一个字母、单词和句子，这对今后整个英语学习都有重要的意义。单词潦草或不规范的抄写，对学习单词的读音有很坏的影响。句子马虎地书写，对建立句子概念，认识别的句型也是不利的。良好的书写习惯对培养坚强的学习意志与刻苦的学习精神都有极大的作用。

（7）利用一切机会进行听说练习

现在社会进步了，有着非常好的英语环境，复读机的普及，英语广播和电视台播放的英语节目，这都给孩子提供了极为方便的学习听说的机会。利用复读机，孩子可以课外反复听课文录音，学习正确的语音语调，也可以把自己的朗读录下来，和标准录音对比一下，找出自己的缺点加以

改正。在遇到外国人时，不妨大胆地和他们谈上几句，检验一下自己英语口语学得如何。要多看英语影视节目，收听英语广播。当然，孩子不可能懂得这些节目的全部内容，只能听懂个别的词和句子，但如果孩子坚持下去，孩子会感受到正确的语调，讲话的速度，逐渐培养语感。

孩子学习偏科怎么办

如果孩子把时间和精力都投入到一两门自己感兴趣的功课上,而将其他学科抛在一边,就会妨碍他建立合理的知识结构,更不利于学习的进步。因此,孩子学习"偏科"不利于发展。

高二学生文新的英语学习成绩一直处于班里的中下游,这次期中考试英语成绩有了明显进步。但当妈妈去开家长会的时候,他仍然感到紧张,他总感觉老师又会把一些意想不到的事情告诉妈妈,使妈妈不高兴,回来后又免不了骂他一顿。家长会后的结果与文新想象的一样,妈妈对他的进步只表扬了两句,而后又开始数落他英语学习不用功和英语课上经常走神的毛病,而且态度极为严厉。文新无奈地说:"我已经努力了,但没有让我得到应有的表扬,而是更多的批评,使我对这一科的学习失去了信心,以至于想放弃。"

妈妈们应该知道保护好孩子的信心是最重要的。如果妈妈处理不当,就有可能导致孩子偏科、厌学。妈妈要有耐心,纠正学习"偏科"不能一蹴而就。妈妈要热情地辅导孩子的"非优势学科",善于发现孩子的点滴进步,及时予以肯定和鼓励,激发孩子对该学科的兴趣,增强信心。长期坚持下去,学习"偏科"的问题就会逐渐得到解决。再如:

一位妈妈说:"我的孩子学习上偏好一门数学,有师生戏言他一天八节'数学课'（因为他把其他所有课的时间都用来解数学题）。为了调动他学习其他功课的积极性，我经常夸奖他是'数学天才'、'未来的华罗庚'，并说只要像学数学那样用功，其他科的成绩是可以提高的。本意是想发掘他的'闪光点'，带动他对其他学科的学习兴趣。几周后，事情朝着我越来越无法掌控的方向发展，其间我也作过不少努力，但一切都无济于事——他开始放弃其他学科，最后索性什么都不学了。"

为什么这个孩子如此偏爱数学？是因为他对数学有兴趣，只有数学才能找回做学生的尊严。因此把自己的全部精力放在了这门课上，却忽视了其他功课的学习。

为此，妈妈应当首先多对孩子进行练好基本功的教育。妈妈应当告诫他们，如果不学好语文、英语等其他基础课，在数学课上的优势就会逐步受到限制，没有扎实的、全面的基础知识，将来就没有能力研究更高深的数学问题，也没有能力在数学研究领域作出成绩。

其次，妈妈应告诫孩子要重视知识的全面性，各学科之间是相辅相成、相互渗透、相互影响的。例如，英语、数学学不好，电脑学习就很困难。要让孩子明白各年级开设的各门学科都是为了孩子的全面发展、经过科学论证和实践检验而设立的，偏废任何一门课程，犹如修建高楼大厦时地基缺了几样关键的部件，其后果是很严重的。从未来的工作需要看，日后每个人的工作都将是综合性的，且工作变动性很大、很快。一项工作的完成、一个问题的解决，往往要用到许多领域的知识——培养复合型人才已成为国内外教育界一个公认的目标。

由于中小学生"偏科"现象的存在，导致了眼下许多大学生"会说ABC"（英语）、"会解XYZ"（理科），但却写不出一篇像样的文章来，甚至给导师写假条都有错别字，用错标点符号，不懂格式——这些人不得不回头再补学中学的语文知识。事实证明，许多优秀的科学家，除了具有广博的专业知识以外，还有相当高的文学修养、艺术修养。

再次，在学习方法上，最好向孩子提倡交叉法，即交叉学习不同的课程。妈妈可以让孩子学一小时数学后，读半小时英语，再做一会儿物理题，这样不仅有助于提高学习效率，减少学习中的疲劳感，而且能促使孩子对各门功课都加以适当的温习。

最后,妈妈应当告诫孩子学知识不能仅从兴趣、情绪出发,甚至持"挑肥拣瘦"的态度。科学知识并不因为你不感兴趣而失去效用,"书到用时方恨少"应对我们有所启发。

克服孩子学习上的偏科倾向,千万不能矫枉过正。在抓孩子其他基础课的学习时,妈妈不仅不应限制他对所擅长科目的学习,还应帮助他充分发挥自己的优势。俗话说,"不怕千门会,就怕一门灵"。孩子学有所长,比学而不专会更有出息。

该不该为孩子请家庭教师

近些日子,一些地方似乎兴起了一股请家庭教师的热潮,不少妈妈问,该不该为孩子请家庭教师,请什么样的家庭教师好。我们回答是,由于每个孩子的自身情况不同,要具体情况具体分析。

期末考试后,王明、赵飞和李芳的家长同时发现了一个问题:他们的孩子其他科成绩都很好,就是数学成绩欠佳。该怎么办呢?

镜头一:王明的爸爸和妈妈回家一商量,在假期为孩子报了几个课外数学辅导班。王明好不容易放了假,却还要学最头疼的数学,死活不愿意,最后在家长的坚持下,辅导班还是不得不上。

镜头二:李芳的妈妈没有着急为孩子报辅导班或请家教。她先到学校和数学老师沟通了一下,老师说,李芳在课堂上理解得很快,但是只听老师讲,不愿意记公式,也不愿动笔做,这样考试的时候记不住公式,做题的步骤又不全,所以成绩总是不好。了解了原因之后,为了让李芳克服这个毛病,妈妈回家让她做一道自己最爱吃的番茄鸡蛋菜。李芳高兴地答应了,可一拿起锅,她发了愁:油、盐应放多少呢?鸡蛋和番茄还有葱,什么该先下锅?平时看别人做挺简单,自己做怎么就无从下手了呢?这时,李芳的妈妈适时地说:"看花容易绣花难,做饭如此,学习也一样,只有经常多实践练习,才能取得好效果。懒惰是学习的大敌啊!"妈妈的话让李芳思考了很久。

镜头三：赵飞的妈妈也对孩子数学差的问题与老师和孩子进行了交流，孩子说，自己的理解能力较班级其他同学相比有些慢，老师讲的问题她总是跟不上。征得了赵飞的同意后，妈妈为赵飞请来了家庭辅导老师，针对她的情况及时给予帮助，把所缺失的知识补上来。

很快，假期过去了。开学之后的第一次考试，李芳和赵飞的妈妈惊喜地发现，孩子的成绩提高了，孩子的自信心也重新恢复了。可是，王明的数学成绩还是没有提高，甚至比以前下降了。这是为什么呢……

妈妈为自己的孩子请家教，总是因为孩子在学习上出现了一些偏差。比如，孩子某一门功课成绩较差，或是孩子的应考能力较弱等。妈妈希望能够通过家教，把自己孩子所差的功课及时补上来。但是，每个学生自身的情况是不同的，因此妈妈在请家教前应明确以下两点：其一，并不是所有的孩子都需要请家教，大多数孩子是不需要请专门的家教的；其二，即使确实需要请，家教也仅是学校学习的辅助手段，孩子学习主要还是在学校，不能本末倒置，重家教而轻学校教学。

接下来要考虑的是，自己的孩子究竟有没有必要请家教？通常情况下如果孩子有以下几种情形妈妈可以请家教：

①某门学科基础太差，不及时补课会无法听懂教师讲课；

②孩子因生病等原因缺课，不补上所缺内容会影响新内容的学习；

③学习思路不清晰，学习方法不对头，虽十分努力但学习成绩仍在班内靠后；

④转学后对新的学习环境不适应；

⑤性格内向、学习遇到困难也不愿请教老师和同学，疑难问题越积越多。就像镜头三，赵飞的妈妈为她请来了家教，效果就很好。

有些孩子出现偏科，不是以上原因造成的，而是自身学习态度不端正，学习兴趣低落，缺乏刻苦钻研精神等原因造成的。对这种情况，妈妈应与学校老师配合，解决孩子的心理障碍，帮助孩子克服自身的缺点，不要盲目请家教。镜头二中李芳出现偏科的原因是：学习上懒惰，缺乏认真钻研的精神。妈妈帮助孩子克服了这个毛病后，学习成绩很快就得到了提高。

另外,妈妈对孩子的学习状况进行全面分析后,如果有必要为孩子请家教的,也应注意如下几点:

(1)无论属于哪种情形,请家教只能是暂时性的,时间长短视孩子自身情况而定,无论如何不能与孩子的学习生活"形影不离",一旦基本问题解决了,应立即停止;

(2)要为孩子挑选合适的(不一定是名气很大的)、有丰富教学经验的家庭教师;

(3)妈妈不能把孩子交给家庭教师就不管了,而应掌握孩子的学习和心理状况,及时与孩子、学校教师和家庭教师沟通,把孩子的学习习惯、学习特点和学习现状介绍给学校教师和家庭教师,以便"对症下药",从而达到理想的教育效果。

第五章 帮助孩子快快乐乐地学习

孩子理想的学习成绩应该是什么样的

这个问题，似乎提得太可笑了，妈妈当然希望自己孩子的学习成绩"越高越好"，当妈妈们谈论起孩子的学习成绩时常会说："学得还可以，但不理想"，那么，这个"理想"到底是什么标准呢？

孩子的学习成绩达到什么标准您就认为"理想"了呢？是不是门门考100分？您小的时候有过这种辉煌"战果"吗？如果您从来没做到过，却非要求您的孩子做到，是否有点不公平呢？

当一个孩子拼命要求自己每一步都要比以前做得更好时，他很可能会自己搞得心力交瘁。而他本来完全可以放慢一些速度，从容不迫、信心百倍地达到同样一个目标。有人会问："过度用功有什么不好"，人们总是用"一分耕耘，一分收获，如果你加倍努力，就一定能取得更大的成功"来勉励自己。过度用功的害处在于有些孩子因此而把身体搞垮了，他们忘记了怎样去享受生活，忘记了一些更重要的事情，如良好个性的培养、顽强意志的锻炼、从容大度地处理人际关系，如果他们能量力而行，他们同样达到目的，也能够精神饱满地进行其他的活动，使生活丰富多彩。分数并不是全部，娱乐也同样重要。做妈妈的若回忆一下童年的伙伴，在他们中间，学习成绩特别优异与成人后事业成功之间是否存在必然的联系？

学习是为了训练技能、掌握知识，准备在工作实际中应用。学习和体育比赛不同，体育比赛看重的是"名次"，冠军和亚军就是不一样，而学习是为了应用，如果第四名一样能得到进一步深造的机会，一样能掌握好知识并在实际中应用,第一名就没有什么特殊意义了,只不过留个虚名儿让大家钦敬。如果为了这"第一"的虚名而花费极大的精力,造成心理压力,那么,这种"拼搏"精神也是一种不健康的"完美主义"的心理状态。我们对孩子的培养目标,应该是使儿童的每一步发展都扎扎实实、合乎情理。培养的理想人才应是有创造性、会应用科学知识、身体茁壮、个性发展均衡、心理健康的、有魅力的人,而不是计算机输入式的"书呆子"。

如果自己的孩子学习不好我们可以从这几方面去做。

了解到孩子在哪些方面存在问题,发育是否达到同龄的正常水平。通过这些测查资料,可以综合起来分析目前孩子学习方面的实际能力达到了什么程度。根据他本人的实际学习能力来制定出学习标准。如果能达到这一标准,说明他学习已经努力了。如果达不到应有标准,说明在教学方法、师生关系、课外辅导方面一定存在有问题,影响了孩子的学习动力、学习兴趣。如果这些问题不能及时发现,正确处理,会使问题越来越复杂,使孩子产生个性方面的偏差或心理障碍,沿着不正常的发展轨迹恶性循环下去,也许会贻误终身。

如果是先天素质方面有某些不足,要理解孩子的暂时落后局面,及时给以单项补课,帮助孩子在智力发育方面及时达到正常水平。

如果孩子的学习成绩,总是超过他的实际能力。那么,他很可能存在着过度用功问题。妈妈也要注意一种"过度完美主义"的心理倾向,学习是一种富有挑战性的活动,名次对学生很富刺激性。如学生的全部生活内容都被名次左右,他的生活一定是枯燥的,在其他领域的体验太少了,心理成熟程度就不够健全,即使是花极大的努力,学习一路领先,也是得不偿失,由于心理成熟度不够,当他遇到挫折的时候,缺乏应有的心理承受能力,再加上体力已经透支,很容易陷入心理失衡的泥潭,学习成绩会直线下降。无论他怎样挣扎,也难于改善这种状况。所以,只有制订合理的学习目标,发展健康的心理素质,明确地认识自己,正确地认识现实,才能在漫长而激烈的竞争中稳步前进。

第六章

丰富孩子的业余文化生活

孩子的才华和才艺可以培养孩子的美感、创意、智力、人际关系和乐观情绪等,使孩子的才华和天分得到充分发挥,达到心灵深处的满足,使孩子能够健康成长,生活更加多姿多彩。

第六章 丰富孩子的业余文化生活

让艺术熏陶孩子的心灵

天赋加上后天环境的影响,每个人会发展出各自的专长和独特的个性。我们帮助孩子发掘他的艺术才能,目的不是要他成为音乐家、画家、舞蹈家,而是通过艺术培训,让孩子发挥个人独一无二的才能,增加对自我价值的肯定,达到身心满足,精神和肉体都惬意的境地。

艺术是最能熏陶人的心灵,塑造人的性格的魔方。许多有远见的家长,他们对孩子教育的第一堂课,就是艺术课。

小毛毛的妈妈是个颇具艺术天赋的话剧演员。当他尚在妈妈腹中时,就每日听见妈妈为他弹琴唱歌。出生以后,妈妈用琴声送他入眠,用话剧演员的本领给他讲童话,给他描绘每一首钢琴曲所表现的意境和感情。小毛毛在艺术家妈妈的熏陶下,读小学一年级时就能弹奏肖邦的钢琴曲了。

虽然一般家庭中的父母未必个个都是艺术家,但是难道你们希望自己的孩子毫无艺术趣味吗?难道不希望自己的孩子有一技之长吗?

在生活中我们常可以看到这样的例子:父母本身在艺术上并无某方面专长,甚至文化水平也很低,但他们的孩子性情开朗、活泼,能歌善舞,甚至某方面的技能、修养达到相当高的程度。

这并不奇怪,仔细分析一下,原来这些子女的父母一般都具有如下特点,这些父母清楚地知道,自己没有多少能力给孩子以某方面的特殊指导,但是他们爱孩子,希望孩子比自己强。平时比较留心孩子在精神生活上的需求,努力让孩子接触各种艺术。一旦发现孩子在某方面表现出兴趣,就尽量为之创造条件。

初生的婴儿,听觉十分敏感。突然大叫一声会吓他一跳,可是轻柔的讲话与歌声却是他喜欢的。与婴儿谈话,给他唱歌,让他听各种声音:钟表的滴答声、调羹碰杯声、海浪声,看起来他好像无动于衷,可事实上他却把这些声音贮存在脑子里了。妈妈们如果这样做了,便给了孩子极有价值的心智刺激。

眼睛是婴儿感受美好景色的窗口。婴儿的小木床就是他的大世界。现在,许多孩子的小床太单调枯燥了。假如住在一间四壁空荡的房间里,感受会如何呢?那么就请装饰一下婴儿床吧!使它生气勃勃、色彩缤纷,形成对视觉的良好刺激。还要带婴儿到各个房间或户外走动,那么婴儿就会有许多不同的、有趣的景色观赏了。待到孩子入学以后,多带他到大自然中去,看红日、白云、蓝天的美好,和小花、小草、绿树交朋友,看高山的伟岸、大海的宽广……大自然的种种光彩。

艺术的美、大自然的美、生活的美、妈妈的情感与情操的美,对孩子具有迷人的魅力,会吸引着孩子,使孩子兴奋、愉快,对生命感到满足,并会追求生命中美好的一切,用来充实自己、提高自己、完善自己。

孩子接受艺术是在艺术魅力的熏陶下慢慢形成的。现在有许多妈妈,似乎表现出过于功利的心态,不论孩子是不是真心愿意,强迫孩子学钢琴、学舞蹈,其实强迫是不会产生奇迹的。这样只会使孩子对艺术产生反感,到头来只能是"得不偿失"。

给孩子一个艺术天地,是通过美的环境给孩子一个美的心境、美的理想、美的感受与美的追求。也许,这个孩子将来不会成为音乐家或画家,但他长大后却是一个具有较高层次审美情趣的人,他会区别真、善、美与假、恶、丑,懂得纯真的、道德的是非标准,谁能说这与懂得"人类之美"没有关系呢?

第六章 丰富孩子的业余文化生活

开展才艺活动对孩子的影响

学习才艺不但可以培养孩子的美感、创意、智力、人际关系、乐观情绪、沟通技巧、表达能力等,而且凭借着艺术活动,孩子的天分、才华能得到充分发挥,达到心灵深处的满足;学习才艺能使孩子健康成长,生活更加多姿多彩。

(1) 知觉能力的培养

知觉是指视觉、听觉、触觉三种感官能力。一切由外界环境事物引起的刺激,经由感官进入孩子内心形成的个人对事物的了解便是知觉。

学习才艺,无疑增加了孩子和外界事物的接触,如绘画中的颜色、光暗、线条,物体的大小、方向位置,一一刺激着孩子的视觉,在孩子内心形成强烈的感受。

而声音,通过优美的旋律和节奏,更容易进入孩子的内心。有教育学家提倡,当孩子画画时,播放一些轻松的音乐,有助孩子表达内心世界,这时也是训练视觉和听觉最好的时机。

至于触觉,在日常生活中,孩子不断以手、脚、身体去感受环境:皮球是圆而光滑的,榴莲的皮是硬而带刺的,小猫咪的毛柔软而丰富。通过进一步的触觉训练,孩子从触觉带来的快感,可渐渐发展成运动触觉,令身体反应更加灵敏。

才艺活动可及早开发孩子的知觉能力,视觉、听觉、触觉三种感官能力配合,还能丰富创作作品,可谓相得益彰。

（2）想象力和创作力的培养

一般人可能以为想象力就是天马行空、毫无根据的思想行为，其实想象力是指根据已往经验，在旧有的认识中发现新元素，并把这种新旧的关系表现出来。例如面前平凡无奇的一个空置汽水罐，想象力丰富的人，可以用它来种花、养鱼、制作乐器、装饰品、玩具车，甚至以它为题写一篇文章……

至于创造力，则是指能超越平常的法则，推陈出新，体验到别人无法体验的东西，那是一种"异于一般人智力的一种独立心智活动"。

既然想象力和创造力都是以日常事物为基础，那么两者就都可以通过后天训练而改进。方法很简单，诀窍就是：多看、多听、多摸索、多想。

如果妈妈能让孩子在才艺活动中自由发挥，采取不干涉的政策，让孩子多摸索和接触，扮演着刺激思考、鼓励尝试的角色，相信孩子自能在健康环境中成长，成为热情、具有想象力和创造力的人，这正是如今不断变化的社会最需要的人才。

（3）良好心理素质的培养

孩子在成长过程中，由于个人的天赋和能力不同，加上生活环境的差异，会有不同的自信心的表现。有些孩子学习能力较强、吸收新事物的速度较快，处处得到老师和妈妈的赞赏，结果是过分自负，样样事情都争着做，极力表现自己。这一类孩子习惯在你未把话说完前，就已经开始行动。让妈妈头痛的是，当自负的孩子遇上挫折，往往难以承受，比自卑的孩子更难接受失败。

通过学习才艺活动，可以令孩子的自信心得到适度的调整。在参加艺术活动的过程中，孩子渐渐掌握个人才华、能力，明白自己的强项和弱项所在，从而使自信心更切合实际。

（4）帮助孩子认识自己

对于自卑的孩子，参与艺术活动对他们的帮助更大。一般来说，孩子自卑心理的形成，往往是因为学习成绩欠佳，或在一般纯粹的智商衡量能力的活动中表现不理想所致。但不少例子表明，这些孩子的右脑能力却极强，富创意和感性，对美感或空间触觉敏锐，他们就像一块璞玉静待琢磨。

如果孩子未能在一般学科成绩上有良好表现，也不要太勉强，孩子的才华或许不在那里。不妨让他接触艺术活动，当他发觉自己才艺的天分能得到别人的赞赏和认同时，自信心便自然建立起来，对做别的事情也有帮助。当他们能够坦然地面对自己的长处和短处，知道自己的才华所在，对自己的能力不再抱怀疑态度，便能恰如其分地表现出自信。

艺术着重表现个人风格，好的作品往往充满个人色彩、展现个人独特的兴趣。所以通过才艺活动，孩子能够逐渐建立鲜明的个性，培养自我观念意识。在表现自我的过程中，也能让孩子确实领略个人独特之处，增强自我、肯定自身价值。

（5）才艺活动可以充实丰盛孩子的人生

才艺活动不单拓宽了孩子的视野，更重要的是它能使孩子培养出主动积极、懂得如何发掘生活趣味的能力。

现代社会物质生活大大改善了，可是精神生活却变得十分贫乏。即使是几岁大的孩子也会埋怨生活无聊、无所事事。结果终日沉迷在电子游戏中；面对抑郁时，又没有可以宣泄的途径，精神生活愈发贫乏，久而久之，怎不变成散漫、怠惰呢。

相反，孩子若能掌握一两项艺术技能并投入其中，必能享受到极高的精神满足，这种体验会让孩子一生受用。很多投入社会的人，在繁忙劳碌的生活中，兴趣成了他们消除疲劳的"避风港"，成就了他们充实丰盛的人生。

让卡通、漫画、绘画成为孩子的朋友

我们培养孩子的艺术才华，目的也只在希望孩子能有一项才艺专长，而这专长能陪伴孩子成长，令他能够无时无刻不从中找到乐趣和满足感，即使到年华老去也有良伴。

孩子都喜欢看卡通片和漫画，但大多妈妈都不鼓励孩子看，怕孩子沉迷，加上近年的确有不少渲染暴力和色情的漫画充斥市面，令妈妈更不放心。即使一些正当的漫画书，从成人的角度来看，也都是虚构、没有欣赏价值的，认为对孩子同样没有好处。

不过回头想一想，孩子为什么爱看这些充满虚构情节的故事呢？其实吸引孩子的，正是幻想力和画面的视觉美。

看卡通、漫画并非一无是处。心理学家指出，当孩子看卡通片时，他们都会十分专注地盯着剧中主角的一举一动，还会细心观察各人的服饰和所佩备的武器。片中一些怪兽的名字，即使多难记忆，孩子也能记着，而主角用来对付坏人的招式配上活泼的主题曲，更不用多说，孩子可以一招不少，一句不漏地重演给你看。

由此可见，看卡通漫画，的确可以培养孩子的思考力、创作幻想力和观察力。当然，由于孩子有着极强的模仿能力，专注力又十分强，为孩子选择适当的卡通、漫画书便显得十分重要。

与其禁止孩子观看，不如主动一些，选择一些有教育意义，主角人物

第六章 丰富孩子的业余文化生活

性格善良、乐于助人、活泼、内容健康的卡通片和漫画给孩子。所以,妈妈和孩子一起看卡通片、漫画有助孩子吸收正确的信息。

另一方面,也可以通过卡通和漫画把孩子领入更高层次的艺术活动中,例如不少孩子喜欢画卡通人物,有时又会参照漫画书中的人物绘画。

有不少漫画造型的确栩栩如生,这时你可以引入其他一些名画家的作品给他认识,一起讨论这些作品有何分别。不要勉强孩子认同名家作品一定比漫画好,多从色彩、构图、笔触上分析,让孩子多看多认识就够了。慢慢地孩子自能建立有深度的审美眼光,即使将来继续选择画漫画,也必定拥有更开阔的视野。

在香港近年的教育政策大纲上,加入了提高学生的审美能力、艺术欣赏能力、创作力等纲领,目的在于培育出有独立思考能力、人格健全的新一代。大家都意识到,只灌输知识,忽略精神文化、个人特质的教育已不合时宜。现今社会要求的人才应具备灵活变通、创造力及想象力强、充满自信的特质。

美学教育能提升孩子许多方面的能力。绘画讲求观察力、领悟力、想象力、组织能力、表现能力、空间感等,这在各种艺术活动中占很重要的地位。从小让儿童绘画,可培育出孩子自由观察、自由探索的精神,以及追求美感的美好情操。

一个享受绘画的儿童,懂得在生活经验中取得题材,把观察所得的事物,通过想象活动表现出来。从本质上看,绘画活动启发幼儿的思想,让幼儿享有更大的自由空间表现自我,有助孩子的心智成长,更可以塑造个性、彰显个人特质、增强自信心。拥有这些特质,即使处于瞬息万变的社会仍能从容应付,展现自我才华。

大部分幼儿在一两岁时已开始涂鸦,只要能握紧笔杆,就随兴涂画,以达到宣泄情绪、自我满足的目的。虽然这阶段的儿童画没有什么艺术性可言,但曾经在幼儿时期享受过无拘无束的绘画经验的儿童,长大后对绘画仍会留有美好的印象,自然较容易发展绘画的爱好。

让孩子绘画,不一定要他成为画家、美术家,作为一种兴趣,能够陶冶性情,已属不错。绘画能伴着孩子成长、丰富生活,使生命更充实。自小培育孩子的绘画兴趣,一方面可以锻炼孩子的手部肌肉,训练手眼协调,同时也可以培育出孩子的空间感、审美能力、创意、组织力、观察力以及专注能力,对提高孩子的自信心,建立完整的人格甚有助益。

所以只要孩子喜欢,任何时候都可以开始绘画,小至一两岁也是好时机。而且妈妈最好采取开放的态度,任孩子随兴发挥,画什么、怎样画,让孩子自己决定,最好不要干涉或阻挠,妈妈担当鼓励的角色十分重要。平日可以准备充足的画纸、画笔,让孩子"灵感"一到便能随时挥笔。至于孩子的绘画技巧如何、有否进步,需按孩子的各个阶段来培养,不可操之过急,揠苗助长只会适得其反。

当孩子画画时,妈妈也切勿作过分的干涉。一些妈妈可能不太放心让孩子自由发挥,例如图画的布局、颜色的调配、绘画内容等,妈妈看见不合心意时,总爱从旁指点一番,有时怕孩子做不来,甚至干脆替孩子动笔,或者让孩子跟着画好的笔触临摹。其实这样不单减低孩子画画的兴致,对于培养孩子的组织能力、创意思考能力也造成阻碍。

从某程度上来说,绘画是儿童的一种游戏,只有充分自由、无拘无束,才能令孩子身心投入。当孩子拥有独立的空间,感到受尊重时,自然发挥出天赋才华。不少儿童画的作品既富创意,内容又生动充实,一点也不需要大人的指点。其实,让孩子自由发挥,才是培养孩子绘画兴趣的良方。

妈妈在观赏孩子的作品时,宜采取鼓励和分享的态度。例如:"这棵苹果树的苹果真的又大又甜,妈妈看了也想吃一口呢!"如果图画的线条紊乱,画意不清晰,不妨问问孩子:"宝宝,这里好像刮台风一般,发生什么事情呢?"他可能吱吱吱地笑着告诉你:"是我跟小狗在玩皮球啊!"

一幅好的作品,应是充满情感和生命力的,妈妈从旁鼓励,带领孩子以天真无邪、纯稚热情的心态绘画,在绘画道路上便走对方向了。

第六章 丰富孩子的业余文化生活

培养孩子的手工能力

动手可以促进孩子大脑的发育和思维的发展。人类与动物的本质区别是会劳动,而"用手劳动和直立行走引起和促进了头脑的变化",这种变化当然指的是大脑的发达和思维的发展。正如古希腊的一句名言:"人类手的发达增进了人的智慧。"

心理学的研究已经证明,在人的大脑里,有一些特殊的、最积极的、最富有创造性的区域,当双手从事一些精细的、灵巧的动作时,就能把这些区域的活动潜能激发起来,否则这些区域就处于沉睡状态。有人估计,人的双手能做几十亿种动作,而手的动作又是和思维活动直接联系的。有人观察一些工人学习数、理、化功课,比全日制学校的学生学得还要深刻,其主要原因就是,这些工人学员都在从事用手的工作。这种动手的工作,是激发智力才能的一种强有力刺激物。

动手可以把理论与实践很好地结合起来,使学习过程较容易由感性认识上升到理性认识。

经常进行操作训练可养成良好的心理品质,如精细、工整、准确等,这些可迁移到学习中来,有助于养成细心、整齐、一丝不苟的学习习惯。

动手活动中,思维活动主要表现在回答动手过程中出现的各种问题。这些问题的解决,一方面不断地修正原来的设想和方案,使它更加切实可行;另一方面加深了对事物的认识,脑支配手,动手的结果使作用物不断地发生变化,通过感受器官和神经把这种变化反映到大脑,推动思维活动的开展。例如，学生在制作杆秤之前，对制作杆秤的目的、原理、方法自认为很清楚，而通过动手制作，才真正懂得了杆秤为什么要一头粗一头细，也懂得了怎样准确地标定刻度。

动手活动之后，思维活动主要表现在对原来的设想和动手效果的自我评价上。通过自我评价时的思考和进一步的学习，将会使以后的动手活动取得更好的效果。

动手能力和发明创造还有着密切的关系。创造发明的过程，大致可以分为以下几步：提出问题，明确问题，提出假设，验证假设，作出结论。如果说这些步骤主要是通过思维活动来完成的话，那么，验证假设往往离不开实验、制作、测量等动手的活动。由于是创造性活动，因此，这种动手活动往往带有新颖性和独创性，是前人没有动手做过的。如果动手能力太差，那么再好的假设也难以变成现实。

爱迪生一生发明达1328种之多。他成功的原因，可以归纳为好学、勤思、爱动、顽强。这里的爱动是指喜欢动手。他一生动手实验不停：在家里，地窖成了他的实验室；在火车上，吸烟室成了他的实验室；当电报员，值班室成了他的实验室……由于他的动手能力强，因此，一旦形成设想，就能够通过动手迅速把设想变成现实。

牛顿从小就喜欢做各种手工，他把姥姥给他的零用钱积攒起来，买了许多工具，一有时间就动手搞制作，从制作小板凳到四轮车，从制作风车到有实用价值的水钟。这些手工制作活动，不仅提高了他的动手能力，更重要的是在动手制作的过程中使牛顿的思维能力迅速地发展了起来，为他二十七岁当教授、科学家打下了基础。

我国南北朝时的祖冲之是一个动手能力很强的科学家，他对公元前一百年《周髀算经》中"径一周三"的定论产生疑问，为了验证自己的疑问是否有道理，祖冲之亲自动手画图计算达半辈子，直到在地板上画了一个直径为一丈的大圆，求出内接正12288边形的边长和24576边形的面积，对九位数做了上百次的加、减、乘、除、开方等运算，从而测出了精确的圆周率，这个数值比欧洲人要早发现一千一百多年。

天文学家张衡，用浑天说来解释天体运动现象。为了形象地表明他的学说，动手制作了浑天仪、浑象和水转浑象。此外，他又制作了测知地震的地动仪。对张衡的动脑和动手能力，有人评价："数术穷天地，制作伴造化。高才伟艺，与神合契"。

我们并不希望孩子个个成为大发明家，但起码，能将孩子的思维能力有所提高，总是件令人高兴的事。可以和孩子做以下几个游戏：

(1) 让孩子自制小车

用1个小纸盒和1块泡沫塑料，穿上2根当轴用的细圆棍（牙签或细铁丝），再安上4个轮子，轮子可以是瓶盖、胶木塞或卡片剪成的，也可以是用一根胡萝卜切成的圆片。复杂一些的可以是2个盒子粘在一起做车厢，用泡沫塑料切割成各种车的形状，车轴套上管子等。也可以做成3个轮子的车或做成各种形状的车，要鼓励孩子自己创造。做成小车以后，还可以用文具、书本等摆放出一个十字路口，家长和孩子一起玩，各操纵1~3辆小车，模拟在公路上行车。要求孩子反复观察近处（近距离）的小车在自己的小车的什么位置和相对自己的小车的运动方向。家长要引导孩子用前、后、左、右来描述近处小车的位置，用向前、向后、向左、向右描述小车运动的方向。

训练目的：培养孩子的观察能力、发散思维能力和动手能力。

(2) 制作潜水艇

妈妈为孩子准备一个窄口的塑料瓶（矿泉水瓶等）、黏土（或橡皮泥）、一段塑料软管、几个硬币、胶带。制作步骤如下：

①在塑料瓶的一侧挖两三个洞。在瓶子的同一侧，用胶带把三四个硬币固定上去。这些硬币的重量可使潜水艇往下沉。

②把塑料软管放入塑料瓶的瓶口里，再用黏土把软管和瓶口的缝隙封好。

③把这个玩具潜水艇放到一盆水里，让潜水艇灌满水。

④从软管把空气吹入潜水艇。在你吹气的时候，潜水艇内的水会从洞口被逼出来。

⑤当潜水艇充气到一定程度的时候，它会慢慢升到水面上。你只要控制潜水艇内空气的量，就可以使潜水艇在水中浮沉了。

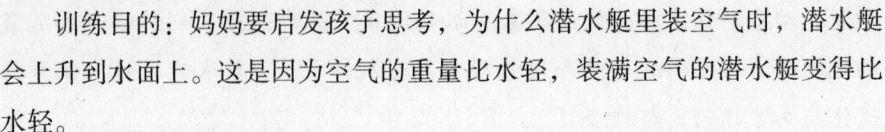

训练目的：妈妈要启发孩子思考，为什么潜水艇里装空气时，潜水艇会上升到水面上。这是因为空气的重量比水轻，装满空气的潜水艇变得比水轻。

（3）收集植物叶子

妈妈带孩子到野外游玩时，可以捡拾或采集一些植物的茎叶。一边采集一边观察，教孩子分辨植物的根、茎、叶、花、果实、种子，观察它们的特点。

回家以后，要立刻整理采集的标本（防止腐败、发霉），去掉枯叶、残枝、病叶，根上的土要用水冲洗一下，洗净、晾干，把它们展平，夹在旧书里，上面压上重物，隔一天要更换一次标本所在的位置，直到植物变干。找几张较硬的大白纸（32开白板纸最好），用透明胶带（或纸条、棉线）把植物固定在纸上，然后在白纸的右下角写上采集日期、采集地点和采集人的姓名，如果知道是哪种植物，最好写上植物的名称。

如果收集的植物叶片数量多，妈妈可以引导孩子创作叶贴画。先设计图案，把压干的叶片摆放合适以后，再拿牙签蘸上白乳胶，用镊子夹住叶片，在叶片的背面涂一层乳胶后，按原样放好粘贴在纸上。可以设计动物、建筑等，例如设计一个海底世界：用文竹叶做水草，用各种形状的叶子做小鱼，小虾……启发孩子给自己制作的叶贴画起名，制作的叶贴画也可以作为贺卡赠送给教师和同学。

训练目的：培养孩子对大自然中各种植物的热爱和制作植物标本的兴趣，培养创新意识。

（4）自制小乐器

妈妈首先可以带孩子做几个简单的小实验，研究一下声音是怎样产生的。

①在两个手指中间夹一条窄塑料片，用嘴使劲吹塑料片，塑料片发出声音时，会颤动。

②把一根橡皮筋绷在铅笔盒上，在橡皮筋的一端垫下一块橡皮。用食指拨动橡皮筋，橡皮筋发声时也会颤动。

③把一个气球吹鼓，先用双手捏紧气球的吹气口，然后向两边拉伸，使气球里的空气慢慢地跑出来，气球发声时也会颤动。

④用手摸着喉咙的位置，发出"啊……"的声音，声带发声时也会颤动。

训练目的：通过这几个小实验，孩子可以了解物体的振动会发出声音。乐器就是声音如何产生的实际应用，孩子自己也可以制造乐器。

①玻璃木琴

找4个大小和形状差不多的玻璃杯。把其中一个杯子装快要满的水，第2个杯子装到离杯口约2厘米的地方，第3个杯子装到离杯口约4厘米的地方，第4个杯子不装水。用一根木筷轻轻敲打每个玻璃杯的侧边，每一个玻璃杯会发出不同的音调。家长要启发孩子观察，哪一个杯子发出的音调最高，哪一个杯子发出的音调最低。还可以找一些不同的玻璃杯装上不等量的水，试着用自制的玻璃木琴奏出旋律。

②橡皮筋吉他

准备几条粗细不一的橡皮筋、一个纸盒子（鞋盒或餐巾纸盒都行）、剪刀、两块木条（长度约和盒子的宽度差不多，宽和高各约1厘米）。用剪刀在盒子上剪一个洞。把橡皮筋套在盒子上，每条橡皮筋间隔约1厘米。用木条在盒子两边把橡皮筋撑起来。试着多弹几次，直到可以用橡皮筋吉他弹奏出简单的节奏。

③低音乐器

找一个硬纸箱或木箱，在箱子的一角钻一个洞，把一根扫帚柄插入这个洞里。把一段绳子的一端绑在扫帚柄的末端，然后在扫帚柄对面的箱子角处钉一颗钉子，把绑在扫帚柄上的绳子拉过来绑在钉子上，绳子要拉紧。演奏时把一只脚放在箱子上，使箱子立稳，一只手握住扫帚柄，另一只手拨动绳子，就能制造出又深沉又丰富的声音。这是因为箱子就像一个大音箱，可以把声音扩大。让孩子试着把扫帚柄往后拉，使绳子又直又紧，音调就会比较高。如果让绳子变得比较松，音调会变得比较低。经过练习，孩子可以演奏出简单的旋律。

让孩子喜爱体育运动

经常参加有益、适量的运动，孩子可以奠定坚实的身体基础，获得乐观的心态，形成顽强的毅力和坚强的意志，给紧张的生活以必要的调节，而且还能获得亲近自然的机会和松弛大脑的愉悦。

日本著名的儿童保健与教育学家今村荣一博士指出，让儿童从小（幼儿期）参加球类运动有如下好处：第一，促进儿童神经系统和各种运动功能的协调发展。第二，体育活动有助于智力发展。第三，满足儿童好动的愿望，使幼儿从小喜爱体育活动。第四，培养儿童吃苦耐劳、不怕困难的坚强意志。第五，在体育活动中和小朋友们增进友谊，培养幼儿的社会意识。第六，从小培养儿童自身健康和形成安全意识，学会保护自己的本领，养成良好的保健习惯。

球类运动是体育运动的一大项目，篮球、足球、排球、羽毛球、乒乓球、网球等，在我国有着广泛的群众基础，广大青少年儿童大多都有一至两项乃至多项自己喜欢的运动。但我们在调查中也发现了一些问题，主要表现如下方面：有些妈妈不鼓励甚至反对孩子进行球类运动，怕影响孩子学习，有些妈妈认为孩子踢足球、打篮球不好，"不雅观"，太疯。有些青少年儿童热爱球类运动停留在"动眼、动口、不动手"的层面，喜欢看而不喜欢玩。许多青少年儿童在家里没有玩球的条件。

孩子热爱体育运动有助于孩子的健康成长，可促智、促德、促美，这一点已被教育家证实,要让孩子热爱球类运动,儿童在家庭、学校中能否愉快地投入体育活动,关键还要看妈妈对体育的看法和态度。许多体育明星的成长经历告诉我们,家庭环境特别是妈妈的表现起重要的作用,当子女的体育活动受到妈妈的肯定和支持时,他们的情绪高涨,热情更高,球技突飞猛进。

怎样让孩子爱好并投入球类运动呢?

(1) 妈妈要为子女创设条件

这里的条件不外乎就是时间、球场(台)、球、球衣、运动鞋以及轻松愉快的气氛等。妈妈要舍得对孩子进行体育投资:每天保证孩子有玩的时间,节假日可适当延长;场地虽不可能很宽敞,但要安全、坚实、耐用;对年龄稍大的孩子,鼓励他们和同龄人一块去一些公共体育场所进行球类运动、比赛。

(2) 应尽可能地和孩子一块运动

这不仅有利于孩子素质的提高,更重要的是可促进妈妈与子女之间的关系,增进感情交流和家庭生活的乐趣、和谐、美满。运动过程中,妈妈要注意保护孩子,做孩子的伙伴或"对手",妈妈在球类运动中表现出的良好的球艺、球德、球风,可为孩子树立良好的榜样,增进孩子对妈妈的了解。

现在,电视直播的各种球赛很多,妈妈可以和孩子一起欣赏、切磋。有条件的妈妈还可与孩子一块到比赛现场,感受大赛的气氛和明星的风采,当孩子在球类运动中表现出独特的"天赋"时,妈妈可请名家指点,系统地训练,还可带孩子到体育院校、体育科研机构做一些"鉴定",请"伯乐"识马,如果孩子能成为新"迈克尔·乔丹"或新"郎平"、新"巴乔"、新"邓亚萍",则家庭幸甚,孩子幸甚,中华民族幸甚。

另外游泳也是青少年儿童普遍喜欢的一种水上运动项目。现代体育科学研究表明,游泳可使中枢神经、血液循环、呼吸、消化和吸收系统功能得到很大的改善和提高;游泳可使儿童精力旺盛,心脏跳动有力;改善儿童呼吸功能,增强肌肉力量……游泳可使广大青少年身体柔韧性和灵敏性等身体素质普遍提高。最新研究还发现,游泳运动可减少儿童大脑左右半球的发育差异,这对青少年儿童神经系统的发育,以及智力思维的发展都有着重要的促进作用。另外,游泳运动可培养儿童坚持不懈的顽强精神和热爱生活、珍惜环境的良好品质。

妈妈指导孩子学习游泳时,首先面对的是对游泳场所的选择。在市内,妈妈可选择游泳池,市郊、乡村可选择天然的江河湖泊,但无论在什么地方游泳,一要注意安全,二要注意卫生。游泳池要有明显的深浅水域分隔标志,安全救护措施要俱全,水质一定达到卫生标准。当前我国水质污染严重,在江河湖泊游泳时,要选择水质清洁,距离下水道和工业废水流入的地点较远的河流的上游,最好选择已开辟的安全游泳区游泳。不能在河流和湖底情况不明的水域、水流湍急或交通频繁的地区游泳。

妈妈带孩子学习游泳,初学时由于身体漂浮、呛水或者出现溺水的情况,孩子往往会出现紧张的心理。此时,妈妈可鼓励孩子,安排有效的训练方法,使孩子尽快熟悉水性,克服怕水心理;在技能训练方面,妈妈可循序渐进,教会孩子科学标准的游泳技术;训练其应变能力,在意外情况下能镇静地进行自我解脱和救护。

一般来说,孩子学习游泳,妈妈最担心的是孩子的安全问题。妈妈除了对游泳场的安全与否要准确鉴别外,还要教会孩子游泳时必要的注意事项。如为什么要做准备活动?在水中抽筋了怎么办?为什么饭后不能立即下水游泳等。要告诉孩子患有肺结核、肝炎、肾炎的病人和患传染性皮肤病的人不能游泳;游泳时间不能过长,1~2小时就应上岸休息;上岸休息时,应擦干皮肤,要当心太阳直射灼伤皮肤;女同学月经期不能游泳;耳聋的人、盲童在无大人陪伴的情况下最好不要游泳,以免发生危险;游泳后要清洗身体,要滴眼药水;剧烈运动和强劳动后,不能立即下水等。

怎样培养孩子的音乐特长

良好的音乐教育能激发孩子的潜能,法国大文豪雨果就曾经说过:"音乐、文学、数学是开启人类智慧的三把钥匙。"事实上,现代科学研究已经证明,音乐活动对于宝宝在听力、记忆力和数学能力上有很大的帮助。

首先应从以下几方面观察孩子有没有音乐天赋:

(1) **听觉的敏锐与对音乐要素的特殊辨别力** 对不同的音高、音色、节奏有不同的反应,并能准确地加以模仿。

(2) **音乐感受力的早期表现** 如在音乐声中会手舞足蹈,面露微笑或入神倾听,哭闹时只要一听到音乐就会安静下来。

(3) **音乐记忆力特别好** 对于喜爱的歌曲或乐曲主旋律能够在听几遍后即能记住并模仿学唱。

(4) **表演中反映出自发的乐感** 包括对歌曲(乐曲)表情的处理,努力追求优美的音响以及对音乐形象的想象力等。

(5) **对各种形式的音乐表演有积极的要求** 表现出较强的音乐表演的欲望,即使在陌生人面前表演也神色自如。

(6) **学习音乐的主动性与坚持能力** 无需父母的强迫,自觉表现出渴望音乐学习的心理,并能较长时间放弃玩耍而坚持学习。

(7) **音乐的创造才华** 除了模仿学唱以外,还喜欢哼自己随口编的曲调,或在琴上弹奏自编的曲子。

如果妈妈发现自己的孩子具有以上音乐天赋，不要错过让一朵音乐小苗开花的机会。

大家知道，美妙的音乐离不开善奏之"手"，善歌之"口"，其实妈妈应该让孩子有双善听的"音乐耳朵"。

所谓"音乐耳朵"就是听觉敏锐的耳朵，或者说耳朵的听觉很敏锐。对于从事音乐的人来说，敏锐的听觉是不可或缺的。

妈妈可以在以下几个方面培养孩子：

(1) 善于辨别音色

音色是指声音的色彩特征，音色又是不同人声、不同乐器以及它们的不同组合在音响上的特色。在音乐欣赏中对音色的辨识能力有重要的意义和作用。欣赏时，听者首先是对音响的感知，其中就包括对音色的辨识能力。那么，怎样引导孩子在生活中去寻找不同的音色呢？

妈妈可以让孩子去敲击周围的物体，如板、橱、碗、铁片、罐等等，引导孩子去倾听、辨别这些声音的高低以及色彩感觉。

接着可进一步引导孩子寻找音色的亮和闷的比较。如乐器中大鼓的声音较低而闷，碰铃的声音清脆明亮。这两种音色迥然不同。小铃的声音与三角铁的声音虽然相似，但仔细听却有一定的差别……孩子在探索听辨各种乐器的音色过程中，听辨能力会不断提高。

此外，可引导孩子选择不同的乐器为不同的动物、自然现象、人物、情绪等配音伴奏，如启发孩子选用能反映雷雨前后变化的音色的乐器来演奏，轰隆隆的雷声可选用大鼓，下雨声可选用沙球。孩子在这样的游戏活动中能自由自在地进行想象，并逐渐探索生活中各种不同的音色。

(2) 识别高音和低音

声音是有高低之分的。可以通过让孩子听敲击的各种物体发出的声音，使他们在听的过程中自己找到这一概念。为了让孩子听辨声音的高低，可引导孩子敲椅子、敲地板、敲大橱、敲桌子、敲门、敲窗户玻璃……从而让孩子自己去发现声音是高低有别的。

在此基础上，让孩子听琴上的音。可以先听 so、mi、la 三个音，以后逐渐增加 do、re 和 fa、ci。每次听时，要引导孩子听辨出哪个音高，哪个音低。当然，这种训练要经常反复地进行，使孩子在弹弹唱唱中提高听辨能力，可以启发孩子辨别哪个声音高，哪个声音低，高音像什么，低音像什么，这样做，不但使孩子积极思维，探究音的高低，而且还能进一步识别和想象高低音分别代表着小鸟飞和大象走。经常的诱导性启发会促使孩子提高听辨力，丰富想象力。

(3) 增强孩子的音乐节奏感

节奏是音乐的脉搏，任何音乐都有节奏，没有节奏的音乐只能是杂乱无章的噪音。要培养孩子的音乐感受力，首先要特别注意节奏感的训练，这是非常重要的。孩子学唱歌、舞蹈、乐器，都离不开节奏感。

如何加强孩子感受音乐的节奏呢？

第一，要教会孩子听的方法和探索节奏的能力。孩子有了这种能力，就能主动积极地学习了。我们是生活在声音的世界里，到处充满不同的音乐与节奏。让孩子去听家里时钟发出的"嘀嗒、嘀嗒"的声音，或是让孩子听火车轮发出的"哐当、哐当"的声音。妈妈可进一步引导孩子去寻找各种不同的节奏。

第二，可让孩子听音乐，打节奏。一般地讲，较小的孩子都先会摇动物体发出响声，以后才逐渐会敲打物质。在摇动物体的过程中，孩子最初节奏感已经产生。妈妈可引导他用转手、拍手的形式来随着音乐节奏摇动。孩子练习了手的动作，进而发展了节奏感和听觉的敏锐性。

稍大些的孩子，可让他们跟着音乐拍打节奏。也可训练他们跺跺脚、拍拍手。进而发展到脚跺拍率，手打节奏。让孩子在听听、动动的活动中发展听觉，培养思维能力与手脚动作协调的能力。

第三，考虑用多种形式让孩子感受节奏。孩子在运用乐器打节奏中会获得心理上的满足和愉快，也能运用打击乐器来表达某种情绪，从而发展其创造能力。妈妈可提供孩子一些小乐器，或自制小乐器，并与孩子一起配合打节奏，这对孩子学习节奏非常有帮助。

孩子认为穿名牌、赶时尚就是美怎么办

孩子穿名牌、赶时尚、互相攀比、盲目追求高消费，不要一味地去责怪孩子，我们做大人的也有责任。有的妈妈不是以实用为原则，而认为要买就买流行的、时髦的、最好的，鼓励孩子高消费，追名牌。

爱美是人的天性。处于花季的中学生追求美，爱漂亮是正常的。可有些孩子却显得有些过头了。在穿戴上讲高档、讲名牌、讲时尚，认为穿上名牌就是美，不穿名牌就是老土，甚至出现了不穿名牌就不出家门的情况。据报载：开学后的头一天，一位妈妈突然发现从学校回来的儿子满脸不高兴。一问才知道，原来班上的男生都穿一双时下最流行的名牌运动鞋，只有他脚下这双不是新的。妈妈说："这可是上学期流行时才买的呀。"孩子说："已经过时了，你要给我买现在流行的，你要是不买，我就不出门。"

一般来说，中学生的着装应该活泼、自然、有朝气，符合中学生的身份，在面料、颜色、款式上应该适合学习和运动，体现中学生的特点。一些孩子追求名牌、品牌，穿高档时装，以享受为标准，以名牌论贵贱，并以此为美。但决定美不美，高雅的气质、文明的举止非常重要。外表的美仅仅是一个人的"壳"，而内在的美才是最本质的。作为妈妈，要告诉孩子，美贵在自然，它不等于奇异怪诞，更不是时髦时尚；只有适宜的、合体的、自然的，才是最好的，最美的。中学生正处于青春花季，本身就是

一种纯真自然美,根本不必用华贵和时髦来弥补。用名牌来包装。只要衣着得体大方,加上文明的举止、优雅的风度,就能得到别人的赞美和尊重,就会获得自信的心态。可以这样说,一个有真才实学,品德高尚的人,即使穿着最廉价的衣服也是令人尊重,令人羡慕和欣赏的。著名的影星索菲亚·罗兰在少女选美比赛中,穿着妈妈用窗帘缝制的礼服和用油漆漆成的白皮鞋,最终以无与伦比的气质和大方得体的举止言行,赢得了"海的女儿"的称号。

孩子穿名牌、赶时尚、互相攀比、盲目追求高消费,不要一味地去责怪孩子,我们做大人的也有责任。有的妈妈不是以实用为原则,而认为要买就买流行的、时髦的、最好的,鼓励孩子高消费,追名牌。

那么,如何解决孩子中出现的穿品牌、追时尚,并以此为美的问题呢?向妈妈提出如下几条建议:

(1) 拒绝孩子的过分要求

无论妈妈多么富有,只要孩子的物质要求是过分的、不合理的,就要态度鲜明地给予拒绝,而不能一味地满足。有的妈妈心疼、溺爱孩子,觉得不给他买就对不起他,生怕孩子受委屈。因此,就有求必应,花多少钱也不在乎。有的妈妈甚至在经济条件不允许时也这么做,为的是让孩子高兴。久而久之,孩子的欲望只能越来越高,胃口越来越大,而当您一旦招架不住的时候,您想想后果将会怎样?因此,如果孩子坚持要买一件名牌,妈妈可以理直气壮地告诉他:咱家买不起。要学会说"不",绝不能含糊。

(2) 培养孩子的生活节俭意识

我国一向以节俭为荣,以挥霍奢华为耻。"俭以养德"、"成由勤俭败由奢",这些流传数千年的格言警句,应该成为我们生活中的座右铭。孩子追求名牌、时尚的东西,实际上是违背了中华民族的优良传统美德。一般来说,时尚的、流行的东西都有时限,如果总是跟着流行走,就总要往外掏钱,这样就会超前消费,造成很大的浪费。像本文开头提到的那个孩子,上个月刚买的鞋就可能被丢在一边不穿了。

作为妈妈要告诉孩子,勤俭节约是每个人不可缺少的美德,要从生活小事做起。钱是一分一分挣来的，不能随便挥霍浪费。

在美国，有些富豪生活也很俭朴，他们教子严格，"要花钱自己挣"，让孩子们过节俭的生活。石油大王洛克菲勒的家规中有一条，孩子不能向大人伸手要钱。要求子女"富而有志"，从小经受贫穷的锻炼，养成吃苦耐劳的精神。世界首富之国瑞士，人均收入几万美元，但人们花钱从不大手大脚，而以节俭闻名于世。吃的方面绝不摆阔，饭馆规定吃多少买多少，不准浪费。瑞士生产世界名表，但瑞士人却戴普通手表甚至塑料手表。想一想，比一比，看一看，发达国家尚且如此，我们又该怎样去做呢？

(3) 培养孩子正确的审美观

孩子认为穿名牌服装就是美、酷、帅，在审美情感上出现了偏差。妈妈要告诉孩子打扮时髦，讲究名牌并不是美。要引导孩子对外表美的认识，告诉他人美不仅是在外表上，更重要的是心灵的美。告诉孩子，讲文明懂礼貌是美的，尊老爱幼、扶贫济困也是美的。力求让孩子做到仪表美、心灵美、语言美、行为美。

在日常的生活中，还应培养孩子正确的审美感受力。常带孩子去认识真正美的事物，让孩子多听，多看，多接触，多讲一些生活中美的故事。坚持下去，孩子自然会懂得什么是美，怎样去追求高雅的、自然的、真正的美。

第六章 丰富孩子的业余文化生活

培养孩子的艺术素养

让艺术和谐地融入孩子的学习中、游戏中、生活中。这样，不仅培养了孩子爱自然、爱家乡、爱祖国的情感，也使孩子感受到了艺术的力量。

对孩子进行艺术的美学教育，让孩子接受艺术美的熏陶，培养孩子高雅的审美情趣，丰富孩子的情感世界，将有益于激发他们的审美想象力和创造力。这对培养孩子的综合素质，提高孩子的生活品位是大有益处的。古今中外很多伟人在艺术修养方面都有很深的造诣。鲁迅先生除了大力提倡美术活动外，自己也非常喜欢艺术欣赏。恩格斯不仅会画画，而且非常喜欢音乐。

或许有的妈妈会说，我们没有艺术细胞，也不懂得艺术，我的孩子将来也不可能成为音乐家、画家，培养他的艺术欣赏力，既浪费精力又浪费时间，何苦呢？还有的妈妈认为，给孩子报个艺术培训班，学学琴、练练字，或在家里摆架钢琴，贴几张好看的风景画就行了。这些认识和做法都是不正确的。让孩子欣赏艺术美，是培养孩子审美能力的重要手段之一。在一个人的成长过程中，绝不能离开审美素质的培养。如果一个人没有追求美的欲望，不会感受美、欣赏美和评价美，他就失去了最简单的快乐。

曾经有这样一位妈妈，家里条件不是很好，但是哪里有音乐会或者书画展，她都会带着自己的儿子去。而今，她的儿子已经成为一名科学家，但仍然坚持着妈妈多年来留给他的习惯，无论多忙，只要有艺术活动，他都争取参加。他说，欣赏艺术，让我领略到了太多的美，真实地感受到艺术无处不在，美无处不在，使我更加热爱生活。感谢我的妈妈，是她给予了我感受美的眼睛和耳朵，是她用自己充满美的心灵给了我这一切。

对孩子而言，有这样的妈妈是幸运的，尽管自己的艺术鉴赏力不够或者很差，但是她却用心去培养孩子。她的成功之处在于，长期坚持不懈，而不是赶时髦、求虚荣。通过一次次的引导，一次次的启发，让孩子从中体验艺术美，以致孩子成为科学家以后，仍然带着艺术美去感受生活和工作的乐趣。培养孩子的审美能力，不能操之过急，想靠一两次活动就立竿见影是不大可能的，需要一个长期熏陶的过程。可以想见，如果让孩子今天练钢琴，明天练舞蹈，后天练绘画，孩子根本就进入不了审美状态，形成不了兴趣热点，他怎么可能有美的感受呢？

培养孩子的艺术审美力和欣赏力，妈妈的指导和点拨是非常必要的。根据不同的家庭条件，妈妈可以尝试从以下几个方面培养孩子的艺术素养。

（1）鼓励孩子广闻博采，扩大知识面

孩子在青少年时期，一般很少有更多深刻的生活感受，鼓励孩子多读有益的课外书（不仅是文学艺术方面的），让孩子从书中了解人类社会生活的更多方面，开阔眼界，使孩子加深对生活的认识，同时也提高孩子的艺术鉴赏力。

（2）让孩子接受艺术教育

根据居住地的文化条件，妈妈可经常带孩子去看展览会、听音乐会，使孩子有机会直观感受艺术美。还可以让孩子参与艺术活动。学校里的合唱团、小乐队、话剧队、朗诵组、绘画组、工艺制作小组等等，都是为培养孩子艺术素养而设立的。而社会上的业余艺术学校、少年宫、博物馆、群众艺术馆等场所，同样为开阔孩子的艺术视野并提高其艺术实践能力创造了一定的条件。

（3）家庭艺术熏陶

有艺术专长的妈妈，要发挥自身优势，使孩子"近水楼台先得月"，

引导孩子进入艺术殿堂。无艺术专长的妈妈,应善于利用身边的艺术媒体,和孩子一起体味艺术的魅力。以动画片为例,一部好动画片就是一部好的艺术作品,爱看动画片是孩子的天性,家长不应剥夺孩子这种爱好,而应创造条件让孩子看。看完后,可以问孩子:"故事主要讲了些什么?你最喜欢谁?为什么?你受到了什么启发?"这样,孩子在欣赏优美的画面和动人的故事时,不仅能产生艺术的想象,受到艺术美的熏陶,还能学会思考美和丑,学会做人。

(4)引导孩子在玩中感受艺术美

比如不少孩子都喜欢玩,只要妈妈引导得好,非但不会影响学习,反而会产生"正迁移"作用,使孩子的欣赏力、想象力和创造力等能力不断提高,在扩展知识、提高能力的同时,受到艺术的熏陶。

(5)引导孩子在大自然中感受艺术的力量

妈妈可以引导孩子去注意周围的事物,接触花草树木,接触泥土,接触河流,接触动物,让孩子把一年四季自然界中生命的动态、形象、色彩和美好事物,用作文、唱歌、跳舞、画画等形式表现出来。

妈妈 让孩子笑着长大

让孩子参加"创新兴趣小组"活动

广阔无垠的科学天地和丰富多彩的兴趣小组活动，可以潜移默化地陶冶孩子的性情；激发孩子对科学的追求和向往，充分调动他们学习和探索的积极性。从而有效地培养孩子创造心理的品质。

据青少年宫调查，参加和学科无关的兴趣班的孩子越来越少，而所谓学科提优班的孩子却挤都挤不进去了。有一个航模兴趣班，尽管免费，动员之后也只有3个孩子报名，一个学期下来，只剩一个孩子还在坚持。这样的现状不值得我们深思吗？没有创造力的学生怎么能在社会立足？要真正为孩子的将来负责，为他的发展创造空间，送孩子参加"创新兴趣小组"是有益的。孩子参加"创新兴趣小组"活动有哪些益处呢？

(1) 可以培养孩子的社会实践能力

某乡镇初中实验点教师组织学生参观镇办轧钢厂，该厂是使用"中频炉"加热熔化、冶炼金属的。学生实地观看不仅丰富了电热知识的应用，而且在教师引导下写出了一些分析该厂设备陈旧、能耗大、技术力量不强、导致效益不好的调查分析报告。活动中孩子们发现了这个厂一些的问题，并能够对问题进行分析，进而提出问题的解决办法，有效地增强了孩子的社会实践能力。

(2) 锻炼了孩子的动脑、动手能力

孩子在实际操作时，一边想一边做，思维得到了锻炼，动手能力得到了增强。

（3）增长知识

孩子在参加小组活动时，会学到许多课本上学不到的知识，增强了知识储备，为将来更好地探索科学世界打下了坚实的基础。一位院士说："航模不但使我在中学的时候就了解了图波列夫、米高扬、雅可福列夫等科学家，更使我增加了许多空气动力学、飞机结构和工艺方面的知识，而且开始学习将理论知识与实践结合起来。现在回想起来，真是受益无穷。"

（4）有利于培养孩子的团结协作精神

我们知道，没有哪一项诺贝尔科学奖是由一个人单独完成的，它需要几个人共同努力、团结协作才能实现。而"创新兴趣小组"恰恰培养了孩子的这种精神。

（5）满足孩子的好奇心、求知欲

"创新兴趣小组"活动，在一定程度上满足和强化了孩子创造心理的需要。如以声、光、电化、生物、天文、地理等为中心的科技活动。可以使学生充分观察和领略到大自然的博大无穷，从而激发他们勇于探索自然界奥秘的创造心理，成为发明创造的外界动力。小制作、小发明、小创造、小培育、小探索、小学术争鸣等，每项活动都或多或少地满足青少年的求知欲、创造欲。

有些妈妈非常支持孩子参加这种活动。但需要注意的是，在孩子参加活动之前，妈妈要询问一下孩子是否对此感兴趣，是否能坚持。妈妈还要经常与辅导员保持联系，随时了解孩子的情况。

受传统教育观念的影响，一部分妈妈存在着重视对孩子学习科目的培养，轻视对孩子创新兴趣的培养。请听听一位孩子的心里话：

我也知道，妈妈这样做是为了我好，可是，你们心目中的"好孩子"、"好学生"就是一台"学习机器"吗？上次，我想去学"船模"，结果妈妈骂我没出息；我以前很喜欢电脑，但妈妈给我报的电脑班，上的竟是高中课程，我的兴趣爱好"蒸发"了，学习变味了，变得越来越苦。你们总说，我们比你们的小时候幸福多了，可是"幸福"是不是就等于衣食无忧加上永远也做不完的作业呢？想到这里，我有时会突然恐惧起来，我不想长大了。

这个例子中妈妈为了不影响孩子的功课，而反对孩子参加"创新兴趣小组"，结果孩子的学习不但变得越来越苦，更重要的压抑了孩子的创造欲，极大地伤害了孩子对自然界、对科学的好奇心。久而久之孩子在学习上也会变得循规蹈矩、故步自封，这样的孩子，可能在课本学习上分数很高，但长大以后缺乏创造性，难以成材。所以这样的妈妈应尽快转变观念。

怎样让孩子养成好习惯

日本教育家福泽谕吉说："家庭是习惯的学校，妈妈是习惯的老师"。好习惯是在日常生活与家庭教育中逐渐形成与培养起来的。妈妈在生活与教育中怎样要求孩子，那么孩子就会形成怎样的习惯。儿童期是一个人一生中形成良好习惯的最佳时期，尤其在孩子3至12岁之间的这段时期，他们的心灵就像一片净土，你播下什么样的种子，就会收获什么样的果实。

习惯对人生的作用

俗语说：思想决定行动，行动决定习惯，习惯决定品德，品德决定命运。习惯在不经意之间影响着孩子的现在，决定着孩子的未来。

为了孩子的健康成长，妈妈应该很努力地帮助自己的孩子养成各种良好习惯。只要我们抓住这个根本，孩子未来的发展一定是理想的。学前阶段是培养孩子良好习惯的最佳期。好的行为习惯的形成不是一朝一夕、一蹴而就的，妈妈要从生活的一点一滴入手，以持之以恒、坚持不懈的态度培养孩子良好的行为习惯。把一种行动方式经过无数次的练习和重复而固定下来，成为不变的模式，这就是习惯。比如定时、定量吃饭。最初孩子对饥、饱的感觉不是那么准确和明显。吃饭没个时间观念，玩起来，特别兴奋，可以忘了吃饭；没的玩了，很闲散，又总想吃东西，这就是没有吃饭定时的习惯。孩子遇见喜欢的食物就多吃，不喜欢的就少吃或不吃，这就是没有定量的习惯。正常的是定时定量吃饭，到了规定的时间，孩子就饿了，吃到定量就饱了，就停止。这样无数次的培养训练后，孩子的生理节律就固定成为模式，到时间就饿，吃到一定量就饱了，就停止。这就是吃饭的行动固定在一定的时间、数额里，形成了定时、定量吃饭的"习惯"。

习惯不是一朝一夕所能形成的，而是要长年的、反复的操作实践，重复又重复才能固定下来。所以，习惯是在生活过程中教育和培养的结果。幼年、童年时期是形成良好习惯的关键时期。养成良好的习惯终生获益。

一旦错过童年的关键时期，以后再培养生活习惯就很痛苦了。

中国著名的教育家、儿童心理学家陈鹤琴说："人之动作十分之八九是习惯，而这种习惯有大部分是在幼年时养成的，所以在幼年时代，应该特别注意习惯的养成。但是习惯不是一律的，有好有坏。习惯养的好，终生受其福，习惯养得不好，则终生受其累。"

孔子说："少成若天性，习惯如自然。"意思就是小时候形成的良好行为习惯和天生的一样牢固。近代英国教育家洛克在其《教育漫谈》中说道："儿童不是用规则教育就可以教育好的，规则总是被他们忘掉。你觉得他们有什么必须做的事，你便应该利用一切时机，给他们一种不可缺少的练习，使它们在他们身上固定起来。这就使他们养成一种习惯，这种习惯一旦养成以后，便不用借助记忆：很容易地、很自然地发生作用了。"

一个人在小时候培养一些好的习惯，将会给他带来终生的无穷收益。古希腊哲学家亚里士多德早在公元前350年便宣称："正是一些长期的好习惯加上临时的行动，才构成了美德。"俄罗斯教育家乌申斯基说："好习惯是人在神经系统中存放的资本，这个资本会不断地增长，一个人毕生都可以享用它的利息。而坏习惯是道德上无法偿清的债务，这种债务能以不断增长的利息折磨人，使他最好的创举失败，并把他引到道德破产的地步。"

是的，在一个人的成长过程中，习惯总是起着潜移默化的作用，习惯塑造了人的个性，习惯也塑造了一个全新的人生。在现实生活中，对于那些不显眼的小习惯，你也许会漫不经心，觉得它没有什么大不了。然而，正是那些小习惯，时间一长反而会变成老习惯、坏习惯，使你看不清前进的方向，使你不明确奋斗的目标，使你失去了前进的动力。

中国有句俗语："三岁看大，七岁看老"，其具体含义就是从孩子儿时的习惯推测他的将来。大量的事实证明，一个人的习惯如何将决定他一生的成功与否。

习惯与人一生相伴，影响着每一个人的生活方式和人生道路。

著名教育家叶圣陶曾说过："什么是教育？简单一句话，就是养成良好的习惯"。家庭教育的执行者——父母，其职责是教育孩子，而教育孩子就是要从培养孩子的良好习惯做起。

怎样才能让孩子养成良好的习惯呢？良好的习惯要从小养成，中国有句古话"慎之于始"，就是这个意思。如婴儿初生的时候，假使妈妈不放他在床上而抱在怀里睡的话，不消一个星期，就会养成要睡在怀里的习惯。又如小孩子的大便，假使没有养成定时大便的习惯的话，将会影响他的身体健康。要养成这种定时大便的习惯必定要天天让他这样做，久而久之习惯便养成了。不过，在这种习惯没有养成之前，不能够有例外，即使大人再忙，也不要忽略这种事情。还有一点尤其需要注意的是教育的环境，一个好的习惯养成，妈妈是负有很大责任的，像妈妈的言行、暗示，对于儿女的习惯形成有极大的影响，因为妈妈长期与小孩在一起，一举一动都很容易使孩子模仿，其他在孩子周围的人，也会影响到孩子的习惯。所以，环境的教育对于习惯的养成，是有密切关系的。

总之，习惯与人生有很重要的关系。我们必须培养孩子有良好的习惯，不只是生理上的习惯，而且有心理上的习惯。要养成生理和心理上的习惯，不但要"慎之始"，而且要"慎之于终"。长久地继续下去，不要间断，同时必须注意到养成此种良好习惯的教育环境。

培养习惯是个长期工程，一个好习惯的养成，往往需要漫长的时间。而且，由于人们往往具有惯性，在一段时间的训练之后，如果妈妈稍加放松，孩子就会出现反复。所以，在对孩子进行训练时，妈妈要反复抓，不能放松，即使孩子在某种行为上已经表现很好了，也要反复抓。同时，对于孩子出现的反复现象，妈妈不要气馁，这是正常的，也是通过妈妈的努力可以解决的。

按年龄阶段培养孩子的习惯

培养孩子养成良好的生活习惯是家庭教育的重要内容，家长负有重要的责任。专家指出，妈妈可以在日常生活中，针对不同年龄儿童的特点，培养孩子良好的生活习惯。

（1）从零岁开始培养孩子良好的生活习惯

俗话说："习惯成自然"。从零岁开始，就要注意培养孩子良好的生活习惯，这对于保证孩子健康成长，预防疾病有十分重要的意义。

要注意培养孩子哪些良好生活习惯、纠正哪些不良习惯呢？

①培养良好的饮食习惯，进行科学喂养。婴儿除了吃母乳及其他乳类食品外，4～5个月起还要学会吃辅食品。1岁后要培养孩子吃各种食物，不挑食。

②良好的睡眠习惯是保证孩子生长发育的重要因素。要求孩子能按时睡、按时醒，不要大人拍、抱而自己入睡。

③大小便习惯培养是文明社会的要求，不应忽视。孩子3～4个月就可把尿，7～8个月学会坐盆，2岁要穿满裆裤，禁止孩子坐在便盆上吃东西，外出时不随地大小便。

④爱清洁、讲卫生的良好习惯。疾病有害于儿童生长发育，也影响孩子的智力发展。妈妈要使孩子不得病或少得病，就要注意爱清洁、讲卫生。许多疾病的发生和发展，往往是由于不注意卫生造成的，如不注意饮食卫生可得食物中毒、急性胃肠炎、痢疾等，严重的痢疾可造成孩子发高烧、抽风、昏迷；不注意保持小儿皮肤清洁，常常会导致皮肤化脓、生疖

肿等，甚至可能发生败血症；不注意室内清洁，小儿易患感冒、气管炎、肺炎等。因此，为使孩子健康成长，妈妈应该爱清洁讲卫生，保持住室整洁，空气新鲜流通，温度湿度尽量适宜。要保持孩子皮肤清洁，要勤洗澡、洗头，勤换衣，勤晒被褥，要注意饮食卫生，不吃腐败变质食物，不吃脏东西及苍蝇接触过的食物。要教育孩子除了保持个人卫生以外，还要维持公共场所的清洁卫生。

（2）2~3岁的孩子

2~3岁的幼儿生活上已经逐渐开始独立，作为妈妈，应该从以下几方面着手培养一些良好的习惯。

①要培养他独立生活的习惯，不依赖母亲。2~3岁的孩子如不送托儿所，白天跟着母亲或家里其他人后面转，妈妈总认为他还年幼无知，对他无微不至的照顾。其实这年龄已开始感觉到自我的存在，也同时产生自立的思想，有基础进行独立生活习惯的培养。

首先培养他独自玩（如搭积木、摺纸、玩水），让他可以看得到妈妈，如果发生什么问题可以随时招呼。妈妈也可以看到孩子，防止独自玩时发生意外。独自玩的时间安排在吃点心或三餐之前，一方面让他知道独玩之后可以得到奖励（吃点心），另外玩累了可以马上吃东西解饥；在此基础上引导他独自玩的习惯。但要注意两个极端，在此年龄培养过分独立的习惯会造成独断独行；强迫他独玩而孩子又不能适应，使孩子产生讨厌的情绪。

②衣着随活动及气温变化而添减。孩子正玩得高兴的时候最不喜欢别人打断游戏（如穿衣、脱衣），所以在他独玩之前要他遵守约定——玩前把衣服脱去一些，天冷时马上穿衣，天热时马上脱衣，总之要养成随时调整穿着多少，这样才可避免伤风感冒。如果在这个年龄段不养成良好的习惯，则长大后更难以养成。

（3）3~4岁的孩子

3~4岁的孩子可以离开妈妈而独立生活，尤其3岁半后反抗的心理也逐渐收敛，情绪比较稳定。所以这个年龄要逐渐培养一些良好的习惯。

①能交小朋友、与小朋友一起玩。孩子与成人不同，两个孩子初次见面很生疏，但不到四五分钟，在妈妈的鼓励下两个小朋友可以毫无拘束地玩。目前的独生子女，一个人待在家里非常寂寞，所以一旦有机会与年龄相仿的小朋友相处时，要鼓励他们以自然的方式交朋友，一起玩，培养进

培养孩子读书的习惯

拉尔非特说:"引导那些不情愿读书的孩子热爱读书,可能是一个漫长的过程。然而,你永远也不要对孩子失去信心,热爱读书,是你可以赠给孩子最伟大的礼物,它比你花很多钱安排孩子上私立学校都好,甚至比哈佛大学的学位更好。热爱读书可以改变一切。"

培养孩子读书的习惯的妈妈不能只满足孩子"学会",而更要教孩子"会学"。虽然两者仅仅只是次序的不同,但它们反映出两种不同的素质。

杨振宁博士在谈到自己成功的秘诀时说:"我到芝加哥大学攻读博士学位,学到一种与中国完全不同的学习方法。老师要你注意的不是最高原则,而是一些新的现象,抓住这些现象进行探索、研究、归纳、总结。"我们不是要削弱基础知识的学习,而是希望孩子能掌握不断自我学习、自我完善的工具。

对学生来说,学习成绩固然重要,但更重要的是从小养成一种良好的学习习惯,掌握正确的学习方法,为以后的学习打下一个坚实的基础。

为了使读书生动有趣,首先要激发起孩子们的强烈兴趣,在妈妈给孩子们读一本新书之前,你可以先让他们了解封面的内容,并让他们去猜想这本书将要讲述一个什么样的故事,然后你可以一边读一边指着书中的图画和人物问他们:"你们认为这是什么意思?"读完一本书后,你还问他们:"这个故事中,你最喜欢什么?你认为或者希望以后的故事该如何发展?"这种积极的阅读方式特别有助于儿童语言能力和思维能力的发展。对此,如果用简单的一句话概括,那就是家长一定了解孩子在读书学习的过程中"孩子知道什么?已知道什么?通过读书孩子又掌握了什么?"。

纽约州立大学的一项调查研究表明,对学龄前儿童来说,在妈妈的帮助下采取积极、投入式的阅读方法,其语言和思维发展水平要提前6~8个月。

在孩子能独立阅读以后,仍要坚持同他一起读书。大部分儿童在12岁以前,其倾听理解能力要比阅读理解能力强,所以,妈妈为他们念书比他们独立阅读收益更大。从小培养儿童对读书的浓厚兴趣,会使他们终生受益。

除此之外,我们也可以看看美国家长和犹太民族的家长是怎样引导孩子读书的。

美国人如何开发孩子的阅读能力呢?下面是他们的一些做法和技巧的总结,可供中国的妈妈参考。

(1) 培养孩子的爱书意识

儿童时期的模仿性是很强的,因此,父母在教会孩子读书的开始就要培养他爱书的意识。在孩子很小的时候,父母就经常让他们高声朗读有趣的书籍。儿童能接触到家中书架上父母的书,尽管这样做会使这些书受到损坏,但却使儿童与书建立了亲密的关系,这非常有益于孩子。

(2) 不限制阅读内容

培养孩子对"广义阅读"的兴趣。早在孩子开始认字之前,每每见到动画片海报,浅显的路标、布告、门牌等,家长便停下来跟孩子一起阅读。美国人认为,阅读不应限于读书,在孩子幼年时期就要求孩子对广义的阅读感兴趣,鼓励孩子从小读"杂"书。这就是说,不但读故事性强的童话和小说,也读历史、地理、天文、社会以及和自然科学搭界的书籍。事实上一个人小时候读的书越杂,日后的知识面也往往越广。

（3）家长应该做的事情

家长及早发现孩子在阅读上的特别兴趣或特别需要，以便提供及时恰当的帮助。提供给孩子的书籍，必须适合孩子的年龄、迎合孩子的兴趣。

——了解并善于总结孩子读书的长处、短处以及兴趣所在，并利用家长会向教师作汇报，目的是帮助教师更有效地对孩子的阅读作出指导。

——尽早给孩子订一份适宜的报纸或杂志，尽早给孩子办图书馆的借书卡。

——当孩子三四岁时，帮助他办理一个小小的私人图书馆，把书籍编号，以及学会修补破损的图书。

——允许孩子向小伙伴出借自己的藏书，也鼓励孩子借阅他人的图书，同时还应强调要好好爱护别人的书籍并尽快归还。通过交流图书，孩子也学会了某些社交技巧。

——让自己的孩子在集体环境中学习阅读，让他与同伴一起分享早期集体阅读的乐趣，同时也能提高他们参与阅读的积极性。支持孩子参加"漂流书"活动。所谓"漂流书"，就是要求孩子把自己认为精彩的一本书"传"给小伙伴阅读，再由"第二读者"传给"第三读者"、"第四读者"……

——组织诸如"父子读书俱乐部"或"母女读书俱乐部"，由大人和孩子共同读同一本书，然后在周末展开讨论。同时鼓励孩子在读到好的篇章时向全家人朗读，以便合家共享。

——利用节假日带孩子逛逛书市。宁可少买玩具，也要多买图书。重要的是，让孩子体会到读书不仅是一种学习的手段，而且也是一种消遣的手段。待孩子真正对书籍如对玩具一样感到兴趣盎然时，他便开始乐于以书为伴了。

联合国教科文组织的一项调查表明，在以犹太人为主要人口的以色列，14岁以上的人平均每月读一本书；全国的公共图书馆和大学图书馆1000多所，平均4500人就有一所图书馆。在人均拥有图书馆和出版社的比例上，以色列超过了世界上任何一个国家。

借鉴美国人开发孩子阅读能力的做法，中国的妈妈们也应该做到：

1）同孩子一起大声朗读。妈妈应每天抽出15分钟同孩子一起朗读，选择什么时间都可以。碰到孩子爱听优美段落，要引领孩子一起将其背诵下来。

2）让孩子随手可以拿到书。在孩子的房间里最好放一个大书架，里面摆放适合他阅读的各类图书，让孩子很容易拿到。

3）了解孩子的兴趣。如果孩子对读书没有兴趣，妈妈也不要灰心，要坚持向孩子介绍图书，并简要讲解其中精彩的片断。如果孩子还是不想读，你可以同他一起阅读，并讲解不易懂的地方。一位知名女作家说："你应该一直进行尝试，直至发现哪类书籍能够点燃孩子兴趣的火花"。

不要用奖励或惩罚的办法来迫使孩子读书，应当让孩子本人产生阅读的渴望，让孩子在阅读中获得乐趣。孩子开始读一本书，即使没有读完就不继续读了，也没有什么不好的，你应该为他手中经常拿本书读而由衷地感到高兴。

学会珍惜时间

生命是由时间积累而成的,时光是不会倒流的。谁将该做的事无端地向后拖延,谁就会无端地浪费生命;谁重视时间,时间就对谁慷慨;谁会利用时间,时间就会服服帖帖为谁服务。

古往今来,不知有多少人在叹息:"光阴似箭催人老,日月如梭赶少年。"的确,时间的流逝真令人难以估计,无法形容。正如朱自清所说的"洗手的时候,日子从水盆里过去;吃饭的时候,日子从饭碗里过去;默默时,便从凝然的双眼里过去。我觉得时间去的匆匆了,伸出手遮挽时,它又从遮挽的手边过去;天黑时,我躺在床上,它伶伶俐俐的从我身上跨过,从我的脚边飞去了。当我睁开眼和太阳再见,这算又溜走了一日。我掩面叹息,但新来日子的影子又开始在叹息里闪过"。朱自清先生的话告诉了我们,时间就这样一步一步,去而不返。而这又正告诫我们不要把宝贵的光阴虚掷,要珍惜时间,抓紧做事,利用好生命中的每分每秒。

时间对于孩子来说非常重要。孩子能否利用好自己的时间,决定着他学习效率的高低。不珍惜时间,不会合理利用时间的孩子成绩肯定不会好到哪里去。因为这样的孩子缺少自我控制的能力,想玩就玩,想拖延就拖延,当然不会有充足的时间去学习。如果妈妈能从小就教育孩子珍惜时间,养成良好的时间观念,将会给孩子的发展开启了一个良好的开端。善于利用时间的人会有很高的办事效率,效率高当然会出好成绩。因此,妈妈应该帮助孩子养成合理利用时间的好习惯。

(1) 教育孩子树立时间观念

妈妈可以给孩子讲伟人珍惜时间的故事，从而使孩子认识时间的价值。通过一些伟人珍惜时间的事例，使孩子逐渐认识到珍惜时间的重要性，逐步树立时间观念，增强时间意识，从而在学习与生活中养成珍惜时间的好习惯。

(2) 让孩子体验耽误时间的苦果

现在很多孩子做事磨蹭、拖延，不珍惜时间，这些毛病都是妈妈对孩子的娇生惯养造成的。当孩子赖床不起时，就让他尝尝来不及吃早饭、上学迟到、受老师批评的"苦果"。一旦孩子品尝到耽误时间的苦果，心里会感到不舒服，自然会汲取教训，做事就不会再磨蹭拖拉。

(3) 教孩子学会集中精力做事

有的孩子，做事时三心二意、漫不经心，甚至边做边玩，这是最浪费时间的。妈妈应告诉孩子，做事时就要认真做，而且必须做完一件事再去做另一件事，绝不能一心二用。当孩子做好一件事，妈妈要给予表扬，以强化他的行为，对于高效地完成任务而剩余下来的时间，可以让他自己支配，以示"奖励"。这样，不但提高了孩子做事的积极性，还使孩子养成了在规定时间内集中精力做好一件事的习惯。

(4) 教孩子学会合理安排时间

妈妈要注意观察孩子平时是怎样安排时间的，能够合理安排时间的予以表扬，不能合理安排时间的，就要给予提出相关建议。同时，妈妈还可以帮孩子制定一个合理的作息时间表，要求孩子按作息时间表学习、活动和休息，从而使孩子逐步养成合理利用时间的好习惯。在此，建议妈妈来用"A、B、C时间管理法"帮助孩子合理安排时间。此谓的A、B、C时间管理是指将一日中做的事情分门别类，A类事情非常重要，必须当机立断在有限的时间内立即去做；B类事情重要，需自己亲自做；C类事情不重要可做可不做。

对于没有时间观念的孩子，妈妈尽量不要干扰他的学习，孩子的书桌上尽量不放平日他最感兴趣的非学习用品。家中不要有太多的噪声,要给孩子提供一个相对安静的学习环境。妈妈也不要陪读或监督,只需在孩子学习结束后进行检查,看孩子是否按规定的时间完成作业,看孩子完成作业的质量如何。如果孩子已经能够在一定的时间内保质保量地完成学习任务,妈妈就应该及时给予肯定和鼓励,当孩子没有按规定去做时,妈妈则必须给予应有的惩罚。

养成写日记的习惯

写日记能锻炼孩子的书写和语言表达能力,也是对自己成长过程的一个记录。孩子写日记,能培养他的恒心和毅力。

毫无疑问,中小学生应该写日记,特别是刚刚开始学写作文的小学生,更应该把写日记作为一项经常性的练笔。孩子不但可以通过写日记养成认真观察的好习惯,学会捕捉素材,而且还可以巩固学到的知识、提高语言运用的能力。日记是孩子的随笔记录,生活、学习情况都可以记。如果从孩子会写字、造句开始就教他写日记,一直让他坚持下去,那将是一笔巨大的财富。许多优秀的教师都十分重视学生日记的写作指导,部分学生作文能力强的其中一个原因,就是平时勤于写日记。那么,妈妈应该如何教孩子写日记呢?

首先,教孩子写日记的内容

孩子怕日记,主要原因就是觉得没有东西可写。他们不知道什么东西可写,他们总以为日记的内容是很难找的。其实,日记内容无处不在,非常丰富,可以教孩子从日常生活所见所闻中最简单的记起,从自己记起。比如记下面这些内容:

①记自己的身体发育变化的情况,如身高、体重、胸围、视力等的变化,从中可以看到自己身体成长。比如二三岁时照片中自己的形象与现在

镜子中自己的相貌发生了什么变化。

②记自己的学习变化的情况,如当天所学知识,什么地方懂了,什么地方还不懂,这样可以巩固和加深记忆,可看出自己掌握知识的变化与规律。也可以记课外看到的知识和心得,包括好的电影电视节目内容及想法。

③记自己生活及家庭的变化。每个家庭每天都在发生着变化,新添了彩电或手机,旧的自行车卖给旧货收购站,或者来了一位外地客人等等,都可以记录。通过对自己生活中点滴小事的记录及家庭发生变化的记录,长大以后可以从家庭这个社会的细胞看到社会的部分变化及规律。

一天当中所见所闻很多,选择印象最深,自己认为有意义、有价值的记录下来。比如在大街上看到了一起车祸,就可以记下来:什么地点、什么时间、谁和谁、现场如何、结果如何、自己想到了什么等等。又比如某条街上新开了一家有点特别的店,开张的时候很热闹。

④记自己的思想认识和感情变化。在学习和生活过程中,每一个人都会产生些思想,原来没认识到的,现在认识到了;原来不是这样想的,现在这样想了。在成长过程中,每个人在感情上也会发生变化,原来对某人感觉不大好,现在好起来了;原来对某件事总是有点烦,现在感觉不怎么烦了,而且渐渐喜欢做了。这些,都可以用夹叙夹议的方式把它记录下来。还可就某一件事、某一个问题根据自己的看法和掌握的知识发表议论。

总之,可记的东西很多。生活中有趣的、新鲜的、特别的都可以记,不一定都要有积极的思想意义,不一定只能记好人好事,自己快乐的、烦恼的、伤心的、矛盾的、担心的、期盼的、想象的、后悔的、想不通的等都可以记。

其次,教孩子写日记的方法

①记的事件要真实。要多记自己看到或经历过的事和人,多记身边发生过的现实生活中的事和人。只有真实地反映事件和心情,真实地叙述问题,才有参考价值,才是有效的积累,才能反映规律。

②记的事件内容要具体些,尽量不要用概括性叙述,而要有一定的描

写。孩子写日记主要是练笔，它不同于一般的史料记录。孩子作文最大的毛病是不具体，因此，要教孩子通过仔细回忆和重新观察，把事件或人物的细节写出来。

③要有选择地记。一则日记一般只记一件事，不能太杂，不能拖泥带水地在一则日记中什么都记。也就是说，一则日记要围绕一个中心，这个中心可以是一桩事、一个场景、一段对话、一处风景、一个外貌、一种心情、一个动作等，日记不是流水账。

④记事件的感受不要牵强附会。每个人都会对身边发生的事产生一些感受，都会有自己的想法。在记叙过程中，可以穿插自己的感受。但这种感受一定要真实，自己是怎么想的就怎么写，不要老是考虑这个想法对不对。有些孩子，在自己的日记中搬用套话大话，说一些违心的假话，这种心理是很不好的。

⑤要妥善地保存日记。日记是秘密性极强的，要孩子注意保存。每过一段时间，可翻一翻以前的日记，这样，既可以回忆过去，也可通过比较增强对记日记的信心。

养成锻炼身体的习惯

孩子的学习道路像他们的生命历程一样，是漫长的、曲折的，其间必有困难、挫折、坎坷，也可能会遇到这样或那样的不幸，这就需要他们具有高度的吃苦精神和扎实的身体底子。而要想使身体好，最好的办法就是加强体育锻炼，只有锻炼才能提高身体素质。

体育锻炼能增强孩子身体各器官系统的功能，使孩子体格健壮。孩子能够长高，是由于全身骨骼的生长。尤其是长骨的生长，因为长骨两端的骺软骨部分是骨的生长点。由于体育运动，改善了血液循环，骨组织得到了更多的营养，同时，运动对骨骼起着一种机械刺激作用。所以，能促使骨骼生长加速，使孩子身高随之有所增长。前苏联、德国等国家的婴儿游泳开展较广泛，那些地方的生理医学专家研究表明，婴儿参加游泳后，身体增长速度比一般孩子快。

体育锻炼中的各种动作直接受神经系统的支配和调节。人在活动时，肌肉中的神经可将各种刺激冲动传到大脑，从而促进大脑的功能，使大脑对动作反应更加灵敏。上世纪九十年代，联邦德国一份报告说：学习游泳后的婴儿长大后，其智力、独立能力和自信心都要比其他儿童强。从生理角度看，体育运动可以增加脑的血流量，能供给脑细胞更多的养料和氧气。三岁前的营养对决定智能十分重要，而运动更有利于婴幼儿对营养的摄取，促进脑细胞的正常生长发育，对智力发展很有益处。

孩子多进行户外运动，接受日光、空气和水的沐浴，能逐步经受外界环境变化的刺激，皮肤和呼吸道的粘膜不断受到锻炼，增强了其耐受力，大脑皮层也对冷和热的刺激形成条件反射。当自然条件发生变化时，孩子就能迅速而准确地进行反应，使身体跟外界环境保持平衡，这样就不容易感冒，也不容易中暑。

在户外活动，阳光中的紫外线照射皮肤后，可使皮肤中的7-脱氢胆固醇转变为维生素D，促进人体对钙和磷的吸收，预防和治疗佝偻病。紫外线还可以刺激骨髓，制造红血球，防止贫血。新鲜空气中的氧气，能促进新陈代谢并有杀菌的作用。

其实，在生活中，教会孩子养成良好的运动锻炼习惯，让孩子随时随地地进行运动健身是非常简单方便的事情。下面的几点建议可供参考：

(1) 不要忽视日常生活中的锻炼

锻炼身体，一定要到运动场上才能锻炼好吗？不见得。只要孩子在日常生活中注意锻炼自己的身体，也能收到很好的效果。

早晨一醒来，先揉揉眼、搓搓脸，这是一种很好的面部保健按摩。它能使脸上的血液循环得到改善，皮肤的弹性增强，脑神经兴奋起来。然后向肩上伸直双臂，躺在床上伸个懒腰，把腰部向上挺几挺，活动活动腰部。如果能爬起来，用手扶住床，用力拱拱腰，使胳膊、腰腿的关节尽量伸展一下，这就是一节很好的伸展运动，它能活动筋骨，使孩子感到轻快舒适。

上学时，如果学校离家近，最好步行去，远点骑自行车，很远时才乘汽车。在公共汽车上，也不要急于找座位，刚吃过饭就坐下，会影响肠胃的蠕动，站一会儿反而对身体有好处。

如果教室在楼上，上楼梯也是一项很好的运动，对肌肉、关节和心肺都有较强的锻炼作用。

一到课间，要到室外散散步或做做体操，不要坐在教室不动。课间坐着休息，不仅不会恢复精力，还会使孩子的体力日渐下降。

晚上回到家里，如果不是过于饥饿，先不要急忙吃饭，要做点家务活。轻微的体力活动，能够转移孩子的注意力，使一天的紧张情绪得到放松，然后舒舒服服地吃顿晚饭。

晚饭后，不要急于看书和写作业，要放松一下；睡觉前，用热水洗洗脚或洗洗澡。

最后，请记住这样的格言：坐着比躺着好，站着比坐着好，走比站着好，跑比走好。

（2）抽空经常伸个懒腰

科学证明：伸懒腰时，两手上举，肋骨上拉，胸腔扩大，使膈肌活动加强，引起深呼吸。这既可减少内脏对心肺的挤压，有利于心脏的充分活动，又能促进全身血液循环，从而改善睡眠和紧张工作学习后的血液分布。尤其是人脑组织，虽其重量仅占体重的五十分之一，但需氧量却占全身需氧量的四分之一。可以说，伸懒腰是消除疲劳、焕发精神、促进体力和健康的一种积极活动。

（3）制定良好的锻炼计划

一个好的锻炼计划是孩子能在自己家里执行的计划，这种锻炼能在耐力、韧力和体力这三个方面增强孩子的身体。

①耐力锻炼。

耐力锻炼来自吸氧锻炼。来自心血管的效率——即心脏能把血液泵到我们全身去的能力。虽然心脏是肌肉，然而它不能直接进行锻炼。它只能通过大的肌肉群来锻炼，尤其是通过腿的肌肉来锻炼。这就是为什么像快步走、跑步、骑车、游泳、越野滑雪和慢步走等运动是有益的原因。

理想的是我们应努力使自己的心率至少提高到最高脉率的60%，心脏能跳动的最高速度，而依旧能将血液泵到全身。最高的心率一般应为220减去年龄。"锻炼的效果"一般认为是在一个人最高心率的72%~87%之间。

②韧力锻炼。

韧力锻炼来自伸展肢体。大多数专家推荐在做吸氧锻炼前先做准备动作，在吸氧锻炼后做整理伸展动作。锻炼前做准备动作有助于放松而使肌肉缓和，以便为更强烈的锻炼做准备。锻炼后做整理动作有助于消散乳酸，从而使孩子感觉不到疼痛和僵硬。

③体力锻炼。

体力锻炼来自肌肉耐力的锻炼——如简单的健美操、俯卧撑、引体向上和仰卧起坐和搬运重物等。

需要特别注意的是：不要做过头。

养成良好的运动锻炼习惯，就是经常锻炼身体，使之在某种程度上维持和提高孩子的学习能力、适应能力和享受生活的能力。

孩子在开展锻炼计划时需要明智，一定要把握住适度的原则，千万不可做得过头，在以前从来也没有进行过锻炼的情况下尤其如此。过头的锻炼会产生不必要的疼痛、受伤，甚至落个永久的损伤。最好的办法是养成习惯，慢慢地进行，并持之以恒地坚持下去。

（4）体育锻炼前要有充分的准备活动

准备活动，是体育锻炼（包括比赛）前进行的各种练习，目的是为正式活动做准备，可以起到以下作用：

①动员运动器官。

准备活动可以使新陈代谢旺盛，手、脚等运动器官产热增加，温度上升，而局部肌肉温度的升高，又进一步促进肌肉的代谢（温度每上升一度，代谢率可增加13%），"神经——肌肉"联系增强。这样，当正式锻炼一开始，运动器官就能发挥较高的工作效率。

②动员内脏器官。

运动需要内脏器官配合，但是内脏器官惰性较大，往往需要3~4分钟才能全部动员起来，以适应四肢活动的需要。有了充分的准备活动，就可以消除内脏和肌肉运动的不协调，使身体活动自如。

③预防运动创伤。

通过准备活动，可以增强肌肉和关节的弹性和伸展性，使肌腱和韧带舒展，以及关节囊滑膜层分泌黏液。这样，运动起来就能大大减少手指和脚踝的挫伤、肌肉的拉伤和腰部扭伤等许多意外伤害事故。

准备活动时加强易伤部位的训练，对于预防运动损伤也有重要意义。例如，为预防腰部损伤、应着重加强腰肌和心肌的训练；为预防膝关节损伤，应加强大腿肌肉的训练，等等。

④准备活动既要充分，又应有针对性。在一般性准备活动（散步、扭

腰、屈伸）后，就应进行针对专项运动的准备活动。例如，踢足球前练习运球、传球、顶球和射门；做自由体操前练习做操、屈伸和转体；赛跑前则应先做几分钟的肌肉静力性或运动性练习，再练起跑和冲刺。这些准备活动是进行专项运动的前奏。

（5）体育锻炼后要有充分的整理活动

整理活动，是在体育锻炼和比赛以后，所做的放松练习和运动后按摩，目的是消除疲劳和恢复功能。

整理活动强度要逐渐降低，量也不宜过大。例如，经过800米长跑后，可再慢跑一段，走一段，边走边伸伸腿、弯弯腰，挥动一下双臂，或做做深呼吸。激烈运动后的整理动作，还包括伸长肌肉（如做体操）或者按摩（使用平推、捶、切、捏、刮、拍等手法）臂、腿、腰、背部的局部肌肉，这些活动都有松弛肌肉的作用。

让孩子学会生活自理

现在的许多孩子缺乏生活能力的培养，对孩子进行生活的指导，是摆在每一个妈妈面前的重要课题。孩子只有学会了生活，才能走向自主、独立的生活道路，才能真正体会到生活的美好和快乐！

自理，是指懂得一般的生活常识，能够料理自己的日常生活，包括衣食住行。通俗地讲，就是自己的事情自己做。让孩子学会自理，是提高孩子生活能力，培养其生存和发展能力的需要。从小培养孩子的自理能力，是为人父母者应尽的职责，也是对孩子真正的爱护。妈妈如何培养孩子的自理能力呢？

（1）端正认识，注重培养

今天的孩子，将来会是社会的公民，孩子迟早要离开妈妈无微不至的爱与呵护，独自走向自主的生活道路。妈妈要充分认识到从小培养孩子自理能力的重要性，让孩子及早学会自理。孩子的自理能力差，往往源于妈妈对子女的娇惯。有些妈妈生怕孩子累着，从叠被子、洗衣服，到打洗脸水都是一一代劳，甚至到了小学高年级和中学后，还是一切包办代替。这就抑制了他们活动的内驱力，削弱了探索外界事物的主动性。表现在学习和日常生活中往往是怕苦畏难、消极懒惰、缺乏恒心等。所以，凡有远见的妈妈，都应注重对孩子生活自理能力的培养。

(2) 使孩子树立自理意识

妈妈要让孩子树立生活自理意识，孩子只有从思想上认识到自理能力的重要性和必要性，才能从行动上主动地配合妈妈的培养，也会使妈妈在培养孩子的自理、自立能力时不花费太多的精力和时间，而且还可以大大提高培养孩子自理、自立能力的效果。

(3) 以身作则，身体力行

培养孩子的自理能力妈妈本身的表率很重要。妈妈要以身作则，在平时以好的言行影响孩子，为孩子创设井然有序的家庭生活环境，使孩子感到自己的妈妈无论做什么事都很认真，都是靠自己的努力去做好。这样，孩子便会受到潜移默化的影响，向妈妈学到自理、自立的优良品质。

(4) 让孩子从小事做起

要使孩子在力所能及的范围内做到自己的事自己做。妈妈要注意引导，从收拾用具、打扫房间的卫生、整理床铺、洗小衣物等小事做起，培养他们的劳动兴趣。自理活动可起到调节生活的作用，使大脑得到积极休息。妈妈在吩咐孩子进行自理活动时要有耐心，同时对孩子提出切合实际的要求，当孩子不愿意去做妈妈吩咐的事情时，妈妈要讲明道理，把具体要求说明白，态度坚决地要求孩子完成。千万不要唠唠叨叨地说个不停，而且最后还给孩子让了步，孩子会认为自己"胜利"了，以后再遇到这种情况，孩子仍可以采用这种办法来对付妈妈。这就大大降低了训练孩子的自理能力的效果和妈妈的教育权威。

(5) 使孩子养成自理习惯

俗话说"习惯之始如蛛丝，习惯之后如绳索"。培养孩子的自理能力，最重要的是让孩子养成自理的习惯。比如，在日常生活方面，开始让孩子学会自己起床睡觉、脱穿衣服鞋袜、铺床叠被，学会洗脸、漱口、刷牙、洗手、洗脚，学会摆放、洗刷碗筷，收拾饭桌，随着年龄的增长，逐渐学会洗衣做饭等；在有关学校生活的常规知识方面，要求孩子爱护和整理书包、课本、画册，学会使用文具和学具。妈妈要给孩子指出行动的方向，规定其要达到的目的，并经常检查督促。只有使孩子进行反复的实践锻炼，才能形成良好的自理习惯。

（6）做到"管"、"放"结合

培养孩子的自理能力，要做到"管"、"放"结合。所谓"管"，就是在孩子办某件事时，要过问一下，估计会有什么困难，预先做一些必要的指导；所谓"放"，就是要放手让孩子去做，不要因为孩子做不好就训斥孩子或是干脆自己做。有的妈妈生怕孩子做不好弄伤了手脚，于是便自己动手做，或是在孩子做错了事情以后就训斥一顿，这样做只能使孩子的自理能力越来越差，依赖性越来越强。在孩子的实践过程中，妈妈一定要敢于放手，让孩子自己动手，千万不要过多包揽，即使孩子失败了，或做错了，也不要责怪、应热情帮助孩子总结教训，鼓励孩子不怕挫折，这对培养孩子生活自理能力是非常重要的。因为只有在做的过程中，孩子才会增长才干。

（7）对孩子以鼓励为主

由于孩子年龄小，认识水平不高，考虑问题不周全，在做事的过程中，难免会出现一些失误。妈妈不应因此指责孩子，更不能惩罚孩子，而应首先肯定孩子做得对的地方，对于孩子有失误的地方，要帮助他们分析原因，找到问题所在，以提高操作的技能和水平。这样，既能保护孩子自理的自觉性、积极性，培养良好的心理品质；又能帮助孩子逐步走向成熟，不断提高自己的认识水平和自理能力。妈妈还可以做些示范，如教子有方的妈妈教孩子做家务所采用的"三步教学法"，就是一种示范的方法：

◇第一步：示范表演

妈妈先做一次示范表演，让孩子在旁边仔细观察。

◇第二步：共同操作

妈妈和孩子一起做一遍，发现孩子做得不对时，要及时予以纠正，必要时可以手把手地教给他那些较复杂的动作。

◇第三步：独立操作

放手让孩子独立做一遍，妈妈在一旁观察指导。

孩子如有兴趣，可以让他反复多做几遍。如果孩子总是做得不好，妈妈切不可性急，更不能谩骂或挖苦，要以鼓励为主，肯定他做得好的方面，在此基础上指出其不足之处，使孩子感到自己再加把劲就可以做好了。这样的教育方法，不仅可以锻炼孩子的自理能力，而且极大地增强了孩子的自信心，对促进孩子的身心发展将产生积极作用。

第七章 怎样让孩子养成好习惯

合理安排孩子的业余生活

合理安排好孩子的业余生活，是家庭教育的重要内容之一。将孩子的业余生活安排的科学合理，内容丰富多彩，不但能有助于孩子提高学习兴趣巩同学习成绩，而且还能够帮助孩子树立正确的人生观和高尚的道德品质。

孩子的业余生活，从广义上讲是学生在学校以外的一切有目的的活动。它应当包括孩子的学习、娱乐、锻炼、休息，以及发展自己特长的一切活动。那么，应该怎样做才能科学合理的安排好孩子的业余生活呢？

（1）要遵循劳逸结合的原则

许多家庭中都存在一种错误观念，认为孩子放学之后，只有完成学校的作业和妈妈布置的学习任务才是最重要的，也只有将在家中的时间全都用在学习上，才能够搞好学习。结果孩子在完成了老师布置的作业之后，往往又给孩子加码，布置许多所谓的妈妈作业，可谓是适得其反，孩子对妈妈布置的学习任务总表现出抵触情绪。

我国小学生每天在校学习时间约7个小时以上，中学生每天在校时间约在9小时以上，放学之后还有大量的家庭作业，本身对中小学生来说已经是不小的负担了。再者，学校每天布置的家庭作业，都具有相当的科学性和针对性。大多数作业，是当天所学内容的加强和巩固，还有一部分作业是为了起到复习和预习作用的。由此看来，家长一般无需在孩子能够独立完成作业的前提下，再增加学习任务。重要的是，要保证孩子的休息，要让孩子能有时间参加一些有益于身心健康的活动。按照目前我国中学生的生理特征和发育状况,一般应保证每个小学生每天睡10小时,初中生每天有9小时睡眠,高中生每天8小时睡眠。只有让孩子充分的休息好,才能使他们有旺盛的精力和体力,去迎接校内外的一切活动。

(2) 要遵循面向社会的原则

教育要把孩子培养成德、智、体、美、劳全面发展,而又富有特长的合格人才,这不仅是党和国家的要求,也是每个家长的共同心愿。如何才能使孩子全面发展还富有特长,家庭的正确引导往往是十分重要的。

面对飞速发展日新月异的社会,妈妈要善于利用社会给孩子健康成长提供一切条件,让孩子"走出去",而不要让孩子过着学校与家庭之间"两点一线"的枯燥生活。

利用星期天或节假日,带孩子到博物馆、展览馆、美术馆或图书馆去。这些看起来是对孩子的学习、思维方面没有什么直接帮助的活动,实际上对孩子的各方面的进步大有益处,甚至可能激发起孩子对某一行业的极大兴趣和热情。如带孩子去参观美术作品展览,既可以让孩子学到什么是国画、油画、工笔画等知识,开阔视野,又能培养孩子的审美情趣,说不定孩子就会产生"我要学画"的强烈愿望。世界著名球星贝利,就是偶然有一次站在体育场大门外,看了一场精彩的足球比赛之后,才立下了当一名优秀的职业足球运动员的愿望的。

妈妈还可以适当地有意识地带孩子去串门,比如同事或朋友出差从外地归来,我们在条件允许的情况下,有意识地带孩子去朋友或同事家做客。这不仅可以教会孩子去访问看望别人时要懂得哪些礼节,而且更重要的是,孩子在倾听着妈妈和长辈的谈话中,不知不觉地可以学到许多课本里没有的知识,像外地的风土人情、地理状况等。

许多妈妈对孩子看电影电视和课外书的问题,一直是比较烦恼的,特别是看电视。总认为孩子看电视耽误学习不说,还容易把眼睛搞坏,所以坚决反对孩子看电视,在电视已经进入每个家庭之后,这个矛盾也越来越明显。实际上不让孩子看电视是不可能的,也不科学。引导孩子有选择的看一看电视,才是解决这个问题的最好方法。丰富多彩的电视节目中有很多是对孩子成长极有帮助的：像新闻联播节目，不但可以了解党和国家的各项重要政策和世界各国的风云变幻，还可以帮助孩子学好学校的政治课；像"环球四十五分"节目，可以让孩子饱览世界各地的风情和世界地理状况；像专题片"望长城"可以让孩子受到爱国主义教育，又可以学到许多历史知识，这样既做到了休息娱乐，又增长了知识，这对孩子是一举两得。当然，对那些没完没了的唱片武打或言情的连续剧，是要坚决制止的。

（3）要遵循面向大自然的原则

大自然孕育了人类生命，人又生活在大自然中，大自然对人类做出了无与伦比的贡献。教育引导孩子从小要面向大自然，热爱大自然，保护大自然，无论是对孩子的道德品质的培养，掌握科学文化知识，还是身心健康，都有极大的好处。

在春暖花开的季节，妈妈可以安排孩子春游，去领略春风的和煦，阳光的温暖，绿色生命的复苏，这是多么惬意的活动呀。当孩子走在那一望无际的田野上，呼吸着带着泥土味的空气时，孩子会感到生命力的伟大。这对孩子的身心发育是有好处的。

妈妈还可以利用家中条件，种植花卉，让孩子去管理，既不会占用孩子过多的时间，又可以让孩子从繁忙的学习中松弛一下。这不但培养了劳动习惯和劳动观点，又能学到一些植物知识。

根据家庭条件，还可以带孩子假期去旅游，选择一些距家不远的山区或风景区游览，也是很不错的。这是培养意志品质、陶冶情操、锻炼体魄的好时机。

（4）要遵循全面发展和培养特长的原则

德、智、体、美、劳全面发展与培养发展特长，是培养合格人才的两个方面。全面发展是基础，特长是将来立足社会的资本，由此来看，培养孩子的特长是十分重要的。

培养发展孩子的特长，要从孩子的自身兴趣和条件出发，妈妈不要盲从，也不要为他人所动。有的妈妈，看到别的孩子学电子琴，就赶快给孩子买电子琴；看到别的孩子学画画，就让孩子也去学画画，结果是很不理想的。妈妈要根据孩子的自身条件，看一看孩子朝哪一方面发展更合适，孩子是否有兴趣。要注意到孩子在某一方面建立了兴趣和爱好，然后再去创造条件，培养发展孩子的特长，不要强迫孩子非要去干什么，只有孩子有兴趣，他才会全心投入。

有不少妈妈总认为，孩子的兴趣和爱好是歪门邪道，影响学习，这种观点是不正确的。许多实例都证明，孩子小时候的特长和兴趣，对他将来一生的成长，都产生了重大影响。如发明大王爱迪生，在小时候就做了许多实验，为他后来的发明创造奠定了基础，使他为人类做出了重大贡献。

总之，科学合理安排孩子的课余生活，会使孩子在健康快乐中成长，是妈妈在实施家庭教育中，必须引起足够重视，全面考虑，通盘安排的问题。绝不能认为这是无关紧要的可以放任自由的，否则，孩子将不可能健康发展。

第七章 怎样让孩子养成好习惯

学会使用网络

有人说，21世纪是网络的世纪，谁拥有了网络，谁就拥有了财富，拥有了未来。网络，作为具有交互性、多媒体和海量信息库的新兴媒体的崛起，深刻地改变着人类对世界的感知，认识与参与方式，并且由此带来一系列全面的社会变化。从这个意义上说，认识、掌握网络，就意味着认识和把握未来。

假期一开始，有些妈妈便在计算机中设置密码，或干脆将计算机锁起来，唯恐孩子与网络沾边。而且多数妈妈对网吧也是深恶痛绝，有的甚至把网络同"黄、赌、毒"联系在一起。网络真有那么可怕吗？

计算机互联网的发展，为我们的生活带来了很多方便。就教育而言，网络、多媒体的应用正逐步改变着传统的教育模式和教育理念，优质教育资源得益于网络的广泛延伸，孩子们足不出户，便可以听一流教师讲课。同时，网络像其他事物一样，也有它的两面性，妈妈应该对此有正确的认识，并引导孩子正确使用计算机和网络。

作为妈妈，自己首先应及时学习、充电，了解计算机、网络的一般常识，并和孩子一起感受网络所带来的便利和快捷。如果妈妈一时难以进入状态，不妨请一些朋友或家教帮忙。

据调查，我国网民中，中小学生占70%，在被调查的学生中，选择玩游戏的占55%，热衷于聊天的占76%，曾光顾过色情网站的占46%，而上网搜索信息的只有20%。专家认为，不正确的上网方式给青少年的健康成长带来危害，妈妈疏于监管是主要原因。据了解，很多妈妈对孩子使用电脑，可谓"情况不明，管理不严，方法不当"。相关资料表明，近50%的妈妈不知道自己的孩子在玩电脑游戏，27%的妈妈对孩子玩电脑游戏不闻不问，19%的妈妈虽然知道孩子玩电脑游戏，但不知道游戏的内容。

心理学家指出，防范孩子患上"网络成瘾症"的主要对策就是：妈妈的监管要走在前面，在孩子未上瘾或受到影响之前就加强管理，防患于未然。而学习一些电脑和网络知识，则是管好孩子的前提。据调查，有近40%的妈妈由于自身的知识结构缺陷，不能正确引导孩子用电脑。而学生最反感的就是妈妈讲空话、讲外行话。因此，妈妈有必要学习相关知识，这样才能正确指导孩子上网，并对孩子的相关情况做到心中有数，举措得当。妈妈还要花点时间与孩子一起用电脑，在共同使用中注意孩子的动向，及时纠正不良倾向。此外，妈妈还要制定使用电脑的规则，约束孩子，并用技术手段加强管理。

妈妈应该对孩子的网络生活进行合理安排和计划。总的原则是：内容要取舍，就是要给孩子布置、安排健康有益的网络学习内容，比如网络图书馆、网络同步课堂等；时间要适度，就是要避免孩子长时间坐在电脑前，以免对身体发育造成不良影响，妈妈应该有意识地安排一些外出事项，引导孩子离开电脑进行休息。同时，妈妈要与孩子进行交流，比如回顾孩子一天的网络学习成果等。

此外，为了提高孩子的自我保护能力，妈妈应该提醒孩子注意以下几点：

（1）避免滥用电子邮件

信息社会时间是无比珍贵的，若无必要，不要乱发电子邮件。如果收到他人的电子邮件，要及时回复，以免误事，这也是尊重别人的表现。

（2）注意网上礼貌用语

网上交往同平时交往一样，用语要准确、简洁，发表意见应简明扼要、语言文明，不可长篇大论，更不得以为反正大家看不见，在网上使用攻击性、侮辱性语言。

(3) 诚心诚意向人请教

利用上网向人请教某个问题或征集意见，和平时一样，也有个态度问题，同样需要虚心、诚恳，掌握时机并注意运用礼貌的网语。千万不要让网友感到诚意不够、礼貌不周或者方式不对。

(4) 讨论问题适可而止

在网上讨论问题发表看法是很平常的事，但搞不好也会失礼。首先，要想清楚讨论的目的，否则就没有认真的必要；其次，要注意网语的礼貌；再次，争不清的问题要懂得适可而止，不要没完没了甚至用网语骂人。

(5) 尽量使用表情网语

网上交往，虽然不是面对面地交流，相互间也看不到对方的表情，但它也是在运用书面语言，因此在行文中除了注意语言的感情色彩外，还要充分利用网络语言特点，适当加入一些表情符号，来表达自己的当时的心情，使交往更为生动、形象。

(6) 遵循网上交友原则

在网络交流中，为保证彼此相互尊重，持久交往，除了要注意保密等问题外，在书写英文时，尽量不要使用大写字母，以免造成别人阅读的困难和情绪紧张；如给不熟悉的人发信，应标明歉逊词句，以免别人反感；讨论问题要容许不同意见，宽以待人；询问问题要珍惜别人时间，每次尽量只提一个问题；要学会与他人分享网络的愉快等。

(7) 尊重别人的电脑密码

孩子一般都有好奇心，喜欢探个究竟，尤其是男孩子。所以，妈妈要特别关照孩子，不要打听别人的电脑密码，更不能设法窃取。因为密码的设置本身，就表明有保密的或个人机密的因素在里面，随意打听是非常不礼貌的。

（8）选择健康的网络天地

2005年春，上海为160万未成年人构建起一个绿色健康的网络平台，在内容上贴近孩子，紧扣未成年人道德教育、民族精神教育、生命教育等教育主线。因此，对上海家庭来说，积极帮助和鼓励孩子登录"未成年人网络天地"（www. ontv. sh. cn），将会极大提高孩子的礼仪素质。

第七章 怎样让孩子养成好习惯

让孩子养成理财的习惯

对钱财必须要具有爱惜之情,它才会聚集到你身边,你越尊重它、珍惜它,它越心甘情愿地跑进你的口袋。

现代社会是商品经济社会,对金钱意识和经济行为的理智性要求更高。一个不愿意参与经济行为的人,在社会浪潮中总是会显得格格不入。一个不懂理财的人,他的财政状况经常容易出现收支不平衡的情况。与其等孩子长大后,再苦口婆心地去教他节俭,再不厌其烦地去叮嘱他有计划地用钱,再去为他的"月光"和"啃老"而哀叹,不如早早地给孩子传递一种正确的理财思路,让他们的人生在智慧理财中发展,帮助他们做到理财有方,经济无忧。

让孩子接触钱、了解钱并学会如何合理使用钱,有利于从小培养孩子的经济意识和理财能力,以适应未来经济生活的需要。因此金钱教育就成了家庭教育的重要内容之一。金钱教育是从零花钱的使用开始的,教孩子使用零花钱是让孩子学会如何预算、节约和自己做出消费决定的重要手段。零花钱的多少并没有定值,主要依据孩子一周的消费预算来确定。

这些开支包括:孩子正当娱乐消费的开支,如看电影和吃零食,孩子日常必需的开销,如车费、买学习用品,再增加一些额外的钱以便为存钱创造可能性。至于零花钱的使用,则由孩子全权负责,妈妈一般不直接干预。但一旦孩子使用不当而犯错误时,妈妈一般不要轻易帮助他们渡过难关。因为只有如此,孩子才能懂得过度消费所带来的严重后果,从而学会对自己的消费行为负责。

怎样让孩子学会花钱，是每一个家庭都会遇到的问题。对于成长中的少年孩子来说，学会理财，不仅仅是如何用钱的问题，其中还包含了多方面的教育内容和多种能力的培养；对国家来说，关系到如何培养驾驭未来经济的人才，适应未来经济生活的需要。但许多年来，理财教育是我们教育的盲点，现在已经是时候补上这一课了。

在中国人的传统观念中，曾有"万般皆下品，唯有读书高"之说，"读书"被看成是一种完全超脱于世俗的精神追求。在改革开放前，许多人谈到金钱，谈论财富的时候还会脸红。教孩子有关金钱的知识，这对很多中国家长来说几乎是一片空白。其实，财富不是洪水猛兽，中国家长在和孩子交流财富问题的时候，也大可不必讳莫如深，关键是正确引导，培养良好的理财观念。

不会理财，当孩子长大进入社会后，一接触到钱就会不知所措，不知道钱怎样储蓄和怎样买便宜东西，弄不好他们可能因为不善于理财而背上债务，甚至产生更为严重的问题，麻烦百出，这是让妈妈最痛心的悲剧。

存钱的习惯会使孩子珍视自己劳动所得。而对于年长一些的孩子，让他们自己支配零花钱则可能教会他们节俭。

在世界发达国家的孩子理财教育中，美国人积累了一整套成功经验，他们对学龄前孩子的金钱教育提出了非常具体的要求。通过切合实际的金钱教育，美国人的孩子基本具备了很强的独立性、经济意识以及经济事务上的管理和操作能力，这为他们培养优秀的经济管理人才提供了雄厚的人力资源基础。

少儿理财教育主要通过三个途径：家庭教育、学校教育和社会教育。一位好妈妈让自己的孩子踏进幼儿园起，就让孩子接受有关"钱"的概念。让孩子知道钱是什么，明白钱在生活中是何等重要，基本上完成经济上的"需求与供给"课程。中学时代他们就能对各种财务运用有深入的了解并有一些社会实践。

孩子越早接触钱，学会理财，长大后也就越会赚钱，关键是家长如何教孩子花钱、理财。金钱观念和理财能力将成为孩子们必备的基本素质之

第七章 怎样让孩子养成好习惯

一。美国著名的大财阀摩根家族的鼻祖老摩根发财后,要求儿女为每月仅1美元的零花钱制定一个支出账目;李嘉诚每次给孩子零花钱时,先按10%的比例扣下一部分,名曰所得税。相反,我们许多人在给孩子零花钱时大手大脚,更为要命的是一些家长每个月到底给了孩子多少钱有时连自己都搞不清楚,"以其昏昏,使人昭昭"无疑是痴人说梦。相信老摩根和李嘉诚不是吝啬于区区几美元、几元,他们是在培养孩子的理财意识和习惯,使孩子在花钱时不得不事前进行仔细盘算,做个全盘和长久的考虑。中国古代在孩子教育上有所谓"一屋不扫何以扫天下"的说法,其意义也显然不在清洁工作本身。老子曾说:"治大国若烹小鲜",治国和炒一盘家常菜的基本道理是相通的。同样,孩子小时候会合理安排10元钱的用途,长大后才有可能会处理好100万、1000万。

会理财,理好财,是孩子长大后的立身之本。

如今的孩子生活在一个经济时代,他们规划自己的"钱"程,要像规划自己的一生一样认真负责才行。而在孩子幼年时代,妈妈们则肩负着对孩子进行理财教育的重任,一定不能掉以轻心。教孩子理财其实并没有多难,只要掌握几个大的原则就很容易了:

(1) 只提建议,支配权给孩子

多数妈妈即使让孩子拥有存款,却完全不给他们支配权,往往孩子要买什么,妈妈认为不必要,便极力阻止。与其徒然留下不好的沟通经验,倒不如给意见由孩子自行评估。以孩子想换新自行车为例,妈妈不赞同但也不阻止,只是分析原本的自行车仍新且能用,而新自行车除外型炫目之外,并没有其他特别好的功能,但价格高出很多,可能花掉孩子零用钱所有的存款,此外还要向妈妈借钱,分析后决定权还是在孩子,终于让孩子不再坚持。

毕竟孩子未来还是要自己决定如何支配金钱,现在做错决定也许只是损失几十元,最多几百元,可是却能换取一个教训,以免长大后一赔可能就上万元,甚至倾家荡产。

(2) 让孩子花自己的钱

孩子开始有零用钱之后,就要让他学习如何花钱,这样才会懂得珍惜金钱。和孩子协商，学费、教材费用或全家一起的花费，由妈妈出钱，但自己想买的玩具、出游时的纪念品、朋友的生日礼物等，则要他们自己付钱。

(3) 让孩子真正拥有钱

在许多人的成长记忆中，妈妈都会给零用钱，逢年过节也会从长辈手中拿到不少的红包，可是妈妈通常都会将孩子好不容易存下的零用钱或是长辈送的红包，用"妈妈替你存下来"的借口，全数收回去，这反而会造成孩子一拿到钱就赶快花掉的坏习惯，因为他们多会认为，存下来也只会被大人"没收"。

只要妈妈给予孩子正确的理财观，引导他们采用合理的理财方式，加上秉持上述原则，不要以自己的立场去干涉孩子的理财细节，那么孩子便可以从中学到一辈子受用的金钱价值观。

第八章

让孩子光明正大地追求金钱

孩子是祖国的未来和希望。一个强大的民族，需要有一批优秀的青少年；一个经济实力强盛的国家，需要有一批懂得理财之道的创业者。今天的孩子，就是将来的老板、企业家，就是将来的经济栋梁。

第八章 让孩子光明正大地追求金钱

让孩子知道钱是怎么来的

英国心理学家曾经对100名3~8岁的儿童进行调查,调查的主题是:"钱是从哪里来的?"

在调查结果中,有四类答案。第一类答案是:钱是从爸爸的口袋里掏出来的;第二类回答案是:钱是银行给的;第三类答案是:钱是售货员给的;只有1/5的儿童会说,钱是工作赚来的。

云云春节的时候收到不少压岁钱,妈妈想趁机教育她不要乱花钱,就有意识地问她道:"你这些钱都是从哪里来的啊?"云云看了妈妈一眼,有些不解地反问妈妈道:"这些钱有您给的,爷爷奶奶送的,姨姨舅舅给的啊,您不是都知道的吗?"

云云的妈妈耐心地说道:"我知道是他们给你的,但他们的钱都是怎么来的,我给你的钱又是如何来的呢?"云云看着妈妈乐了,她想了一会说道:"他们的钱我不知道,但妈妈您的钱不是从银行里取出来的吗?上次您去银行取钱我亲眼看到的啊!"云云的妈妈听后既感到可笑,又后悔自己没有早告诉孩子钱是通过辛勤劳动换取的。

孩子自从知道钱能买东西后,需要什么物品时就会找父母要钱。看着父母每次从口袋里掏钱,或者从银行里取出钱来,就会像云云那样认为父母的钱是从银行里毫不费力取出的，这看似一个笑话，却值得父母们深思，从中可以看到父母没有对孩子及时进行理财方面的教育，会给孩子带来很多负面的影响。

孩子不知道金钱的来之不易，就会出现对父母给的每一分钱就觉得无所谓，花起钱来容易大手大脚，不知道珍惜物品，还会埋怨父母给的钱太少，对父母缺少感恩之情等不良的后果。

更可怕的是，孩子不知道金钱的来之不易，花钱就会很随便，一旦形成了挥霍浪费的习惯，将严重影响着孩子的前途。因此，父母应该尽早让孩子知道金钱是通过辛苦工作换来的，是付出劳动后的报酬，避免孩子有类似于云云的可笑想法。

不仅如此，父母还应该引导孩子通过劳动获得一定的金钱回馈，让孩子懂得一分耕耘一分收获的道理，这样不但能够使孩子知道金钱是从哪里来的，还能够培养孩子的劳动意识，使孩子知道珍惜金钱，避免孩子胡乱花钱。

父母应该这样做：

(1) 尽早告诉孩子金钱的来之不易

在孩子最初知道钱能买东西时，父母就应该有意识地告诉孩子金钱是通过父母的辛勤劳动换取的，让孩子在从小就知道节省着花钱，这是教孩子理财的第一步。

孩子小，接受能力差，父母尽量要用生动的事例来多次说明，比如每次花钱买东西，父母都要告诉孩子这些钱需要自己花费多少时间、付出多少劳动才会获得，以帮助孩子加深对金钱来之不易的认识。

(2) 让孩子到自己的工作场所参观

父母金钱来之不易，如果只是口头上对孩子这样说，孩子的印象不会深刻。因此，如果有条件的话，父母可以带孩子去自己工作的场所参观，让孩子看一下自己工作的环境，看一看父母辛勤劳作的身影，使孩子亲身体验一下父母那些金钱来的是如何不容易，这样比口头说教要有效得多。

(3) 让孩子在家劳动并付一定报酬

为了让孩子进一步明白劳动与报酬之间的关系，父母还可以在家里给孩子分配一些劳动，并根据劳动量的大小与难度给孩子支付相应的报酬，这能使孩子认识到多劳多得的道理。不过父母这样做的同时，也要让孩子知道作为家里的一个成员，有义务做一些力所能及的家务活，这样才能避免给孩子付劳动报酬的弊端。

（4）使孩子体验在外面赚钱的艰辛

随着孩子年龄的增大，父母可以让孩子到外面去体验一下赚钱的艰辛。比如让孩子在假期去饭店当小工，或者推销一些小物品，这样孩子能够更加深刻地感受到赚钱的难度，以后就会知道珍惜每一分钱，同时还能培养孩子生存的能力。

生活中时时处处都需要金钱，父母要让孩子尽早知道金钱是通过劳动换来的，不但有利于孩子学会节俭，还能够帮助孩子学着用劳动赚取金钱，提高孩子的生存能力。

及早对孩子进行理财教育

如果一直不让孩子接触金钱,他们对于金钱的概念不会无师自通。当他们走入社会后,还要花大力气去补上这一课。孩子的理财意识要从小培养。如果能及早播种,孩子的财富意识就会早早萌芽。

理财能力是现代人必须具备的基本素质。然而,不少妈妈认为理财是长大成人后自然而然能掌握的,因此不能也不该让孩子过早涉足。也有的妈妈存在以财利为耻的观念,关心的是如何使孩子读好书,而将理财视为不务正业的旁门左道。

殊不知在现代社会,按劳取酬,会花钱,正确地对待钱,已成为人生基本要义之一。否则,孩子长大后没有劳动观念,没有经济头脑,不知如何挣钱,不懂怎样购买才算合理,那么在商品经济的社会里,又如何立身处世,成家立业呢?目前,我国大部分孩子欠缺理财意识。让我们看看下面的案例。

在某西餐馆,一个正在读初二的学生请几个同学吃西餐,这顿饭少说也得花两三百块钱。据说遇到节假日,同学们经常会这样互相请客,礼尚往来。他的一位同学在旁说,趁着国庆放长假这个机会,大家在一起消费,玩个痛快,图个潇洒,不然零花钱就没地方可花,因为长假一过,又得上学。大学毕业后,在一家医院上班不久的李先生对此十分感慨,他说:"不仅这个长假,就是平时,我和同事也时不时看到有的中小学生成群结队出入消费场所,他们消费时财大气粗,让我们这些上班族都感到惊讶。"

随着生活水平不断提高,有的妈妈抱着这样的心理,缺什么也不能缺孩子的零花钱。一些商家为了促销商品,不断迎合孩子的心理,造成一部分学生敢花钱、乱花钱。有的孩子还盲目模仿成年人的人情消费,过生日大摆宴席、赠送贺礼;要好的同学互相请客。把互相帮助变成了金钱交换关系,有损同学间纯真的友谊。而许多年来,理财教育一直是我们教育的盲点,所以做妈妈的一定要注意培养孩子在这方面的能力和意识,以规范他们的消费行为,正确引导消费方向。

高二学生王垒过年收到了5000多元压岁钱,没几天就在网吧"泡"光了。他如此快速花钱的理由很简单,那就是:"这笔钱来得太容易了。"

一年一度的压岁钱体现了长辈和晚辈之间的情感沟通,用压岁钱学理财、学做人,是妈妈培养教育孩子的一个极好机会。妈妈在把握好给孩子压岁钱数量的同时,应对孩子的花钱方式进行指导。通过让孩子支配压岁钱,培养孩子的独立意识、节约的品德。

美国石油大王洛克菲勒在每星期六早餐后,让5个孩子排队到自己的办公室领取零用钱,数目和其他孩子差不多,每个孩子都有一个小账本,记载着钱财的收入和支出。洛克菲勒认为,这是一个能知道怎样用钱和科学用钱的好办法。

对于一些爱子失控的妈妈来说,这样做是大有借鉴意义的。中国孩子的理财能力远远落后于欧美国家是不容忽视的事实。在美国,多数3岁的孩子就能辨认硬币和纸币;8岁的孩子就知道可以通过做额外工作赚钱,知道把钱存在储蓄账户里;9岁的孩子就已经能够制定简单的一周开销计划,购物时知道比较价格。这些能力对于中国的同龄孩子来讲,几乎是不可想象的。妈妈包办一切,对于孩子的生存能力将产生不利影响,而他们幼时欠缺的理财教育,也终究要在社会教育中补上。

那么,妈妈该如何对孩子进行理财教育呢?

首先,妈妈要合理地给孩子零用钱,并教育孩子合理使用。对我国北京、上海、广州等九个城市少年孩子的问卷调查显示,6~15岁孩子拥有的零用钱和压岁钱已高达56亿元;他们平均每人每月可从父母和亲属那里得到60元的零花钱,而每年得到的压岁钱则平均高达730元,在学校组织春秋郊游及校外活动时，妈妈往往还会额外给孩子专项活动费用。妈妈合理地给零用钱，可以达到三个目的：①承认孩子有合法的经济需要；②培养他们对金钱的责任感和作出决定的能力；③了解金钱的价值。从培养孩子最初的金钱意识、掌握初步的钱财支配能力的角度来考虑，适当给孩子零用钱是利多于弊的。事实上，孩子们学会如何花零用钱以后，经济意识在增长，对未来求职也呈现与以往不同的明显差异。教师、科学家虽然还是他们最尊重的职业，但越来越多的孩子青睐于收入较高的工作。由此，他们的学习目的和态度也更趋实际——找工作和考大学。所以纠正上例中存在的孩子乱花零用钱现象，要靠妈妈的及时教育和引导。

其次，让孩子懂得优先消费。如把家庭每月的收入和支出列出一个简表，同时标出节约资金后想去购买的物品，这么做可以提醒孩子向目标努力。

第三，给孩子更多的自由权。允许孩子在不过分的情况下，做一些糟糕的决定，甚至超支，再把由这些行为带来的后果展示给孩子看，告诉他们怎样才能避免。

第四，让孩子参与家庭未来规划。妈妈可以与孩子谈未来，如为上大学而进行储蓄等。

第五，让孩子了解信用卡。目前，建立个人信用卡已经渐成趋势，父母应告诉孩子哪些卡是"有多少花多少"的，哪些卡是可以"透支消费"的，若透支后不能按时偿付，信用评估会受到什么影响，会遇到什么样的麻烦等。

教育专家认为，在现代生活中，理财能力是生存能力的重要组成部分。对于成长中的孩子来说，学会理财，不仅仅是如何使用零花钱的问题，其中包含了多方面的教育内容和多种能力的培养。只有从小培养孩子的理财意识，通过教育不断提升其理财能力，他们未来的生活才会越来越好。因此，这样的理财教育是十分必要的。

第八章 让孩子光明正大地追求金钱

既要高智商更要高财商

智商是一种综合的认知能力,其基本构成要素为注意力、观察力、记忆力、想象力和思维能力,其中思维能力是核心。财商是指一个人在财务方面的智力,是理财的智慧,是能够深刻认识金钱的规律、懂得灵活运用金钱、让金钱为我们服务的智慧。

智商是测量个人智力发展水平的一种指标,是智力年龄除以生理年龄的商数,智力年龄是通过特定的问卷等测评系统检测出来的。智商的高低一般由人类的遗传基因和染色体所决定,很难改变。

一个人的财商如何,与他能赚多少钱没有太大的关系,财商的高低是测算你如何运用自己的金钱和财富为自己带来幸福生活的指标。简单地说就是:如果随着年龄增大,你手中的金钱能够不断地给你买回更多的自由、幸福、健康和人生选择的话,那就意味着你的财商在增加;反之,如果你很有钱,但整天生活在想赚取更多钱,或想着如何保住现有的财富而处于紧张与痛苦的生活状态,那就说明你的财商不足。

很多人都认为,在商界只有聪明人才能赚钱,其实未必。智商在理财投资中是很重要的,但懂得如何理财更为重要。

孩子们能有自己的小金库起码已经证明了他们的能力,但可惜的是按时下最新的财商衡量,这些孩子一点儿可塑性都没有,如果高薪阶层们有幸有一个像罗伯特·T·清崎的儿子那样的孩子,那么他们一定会被这个儿子咬牙切齿地叫做"穷爸爸"。穷爸爸们看不懂财务报表,也分不清什么是资产，什么是负债。在他们眼里钱就是钱，攥在手里的都是资产，向别人借的就是负债，也是暂时的资产。钱的意义就是从钱币变成实物，被吃掉、玩掉、用掉，投资的收益永远抵不上消费带来的快感，所以穷爸爸永远不会脱胎成为富爸爸。

对于有能力弄到钱而没有财商的孩子，无论经济窘迫与否，在面对真正喜欢的东西时，就会显示出惊人的爽快，绝不计算，绝不犹豫。掏钱越快越好，生怕错过这村就没那店，哪怕是饿一个月的肚子，或是借钱，也要让喜欢的东西落入自己的手里才算是安全。所以他们把钱一拿到手总是会以最快速度奔向他们最喜欢的东西。

孩子们不用养家，不用供楼，不想养老，有钱就随心所欲地花，没钱就去向父母要，而且对一切新事物比对一切旧事物感兴趣。"追新"需要大量精力，他们过起日子来懒懒散散，把积攒下来没处宣泄的精力全用在这儿了。他们很难抵挡住包装的诱惑。好的包装带给他们好的感觉，也勾起他们的好奇心——即使明知内容不过如此。

无论是培养孩子的智商还是培养孩子的财商，最终目的都是为了能够让孩子生活得更加幸福、快乐、充实，但是钱赚多少与是否幸福是两回事。因此，我们不仅要教孩子学会赚钱，更要学会如何理财，培养良好的财商。这样，才能使自己的孩子真正享受快乐的人生。

第八章 让孩子光明正大地追求金钱

让孩子成为家庭理财能手

从小就有意识培养孩子的理财能力,指导孩子熟悉、掌握基本的金融知识与工具,短期效果是养成孩子不乱花钱的习惯;从长远来看,将有利于孩子及早形成独立的生活能力,使其在高度发达、快速发展的时代中具有可靠的立身之本。

要把孩子培养成理财能手,可以先让孩子学会家庭理财,让孩子来当家,让孩子来做家庭预算,计算家庭开支,孩子就能从柴米油盐中感受到理财方法和技巧。

随着市场经济和全球化的发展,物质的极大丰富,我们能买到的东西越来越多。但是,我们现在需要花钱的地方也越来越多了。如随着物价上涨,生活水准的提高,教育投资变得越来越大,作为家庭理财的重要部分,都是不得不考虑的问题。

有人认为,只要家庭收入增加,所有的问题都能迎刃而解,这是一个非常错误的观念,因为据有关专家分析,对大部分人来说,增加收入只是造成花费的增加而已。所以,要更新理财观念,精明地花好每一分钱,不能无计划、无目的地大手大脚乱浪费。

要成为家庭的理财高手,妈妈要引导孩子处理好以下几项理财内容:

(1) 做好家庭预算

预算是将家庭的收入有计划地分成阶段性目标,用于不同的领域。正确的预算能保证家庭生活在富足的同时,有其他的金钱去投资孩子的教育和全家的保险金。做好家庭预算,有计划地分配收入,可以保证让全家人享受快乐。

让孩子参与家庭预算,学习如何处理家庭钱财。家庭理财的一个重要方面就是要使家庭收入发挥出最大的效用,如果父母赚钱不少,但是花费起来却大手大脚,孩子也要帮助他们管管钱包。

在进行家庭理财时,孩子可以参考一些书报的小建议,如怎样烹调营养且价格低廉的餐点。

但是,切记不可以依赖任何媒体上印好的预算计划表,因为每个家庭的财务状况都是不同的,家庭的预算计划必须是专门为自己家庭制订的,因为没有任何家庭会和你的家庭完全相同,每个家庭的经济问题也是与别人不一样的。

(2) 记录开销

记录家庭的开销是为了更好地做好家庭预算。因为只有在对家庭的收支状况有所了解的情况下,才能知道哪些花销是必不可少的,哪些花销是可有可无的,哪些花销是浪费的,从而为将来的合理理财打好基础。

有一对美国夫妇,当孩子帮助父母一起记录家庭花费后,他们很惊讶地发现他们每个月有70多美元用在了买酒上。可是,他们并不是酒鬼,只不过是一对热情的夫妇,很欢迎自己的朋友在兴致好的时候"到家里来喝一杯"。为此,两人做了一个明智的决定,不再开免费的酒吧了,而是把那70多美元用在了户外运动上。

(3) 预算开销

要做好家庭理财,首先就要把这一年里固定的开销列出来,如食物预算、水电费、保险金等,然后再列出其他的必要开销,如医药费、教育费、交通费、交际费等等。

每个人都知道,要把这些大大小小的费用计算出来,不是件容易的事情。但是,全家人都要在拟定计划时下定决心,切实地把家庭理财计划落实下来。制定和执行家庭计划,对每一个成员都是一种考验,要控制购买欲望,要互相监督,所以,妈妈要和孩子一起,互相支持,互相鼓励,把家庭开销预算好。

(4) 做好固定储蓄

一个善于理财的家庭在预算出固定和必需的开销外,通常会把收入的10%储蓄起来或是拿去投资。有经验的财务专家曾说,如果你能节省家庭收入的10%,即使每年物价都上涨,几年后你还是可以获得舒适的物质生活。

让孩子学做家中的小主人

聪明的孩子会当家。在日常的家庭生活中,聪明的孩子也能从中学会精打细算,把自己的零花钱用活了,既能买到自己喜欢的东西,又节省了家庭开支。如果想要提高孩子的理财能力,就让我们从日常生活的小打小算中开始吧。

在孩子的心目中,妈妈们都有类似的形象:每次买家用东西时都拣便宜的,自己不舍得吃好的,而总可以满足孩子的花钱要求……一些孩子对节俭的美德表示了异议。一名学生居然说:"妈妈们一辈子都在攒钱,平时没有什么消遣娱乐,这种生活方式太简单了。"现在社会上提倡借款消费、提前消费,中国和美国的老太太在天堂相遇的故事,对学生们触动很大,许多孩子很自信:"如果是我,就先贷款买了房子再说。"

孩子们的畸形消费观念与孩子们缺少一种亲身的体验有很大关系。我国许多少年儿童的妈妈,在童年时代都经历过灾难和动乱,体验了物质生活的匮乏和辛苦工作养家糊口的艰辛。现在生活水平提高了,她们希望自己受到的苦难不要落到孩子们身上。于是,在家里承担所有的家务,即使是孩子们力所能及的事情,也不忍心让孩子亲自动手。但结果是怎样呢,孩子们在虚荣心指引下要么盲目攀比要么自卑自责,这是正常的结果吗?我们不应该犹豫,应该诚实地告诉孩子,告诉他你们的家庭状况,不是某样东西不适当而是因为买不起。

第八章 让孩子光明正大地追求金钱

大多数的家庭都会或多或少地经历经济上的困难时期，比如暂时的失业、因某种变故而支付巨额的开支等等。这种时刻，该怎样面对孩子呢？有人认为不能让孩子知道真相，这对他们没有好处，只会增加他们的心理压力。但是，保守秘密就一定有利于孩子吗？在家庭的困难时期，如果孩子一无所知，他们会心安理得地像往常一样维持高水平的消费。与此同时，妈妈却在忍受经济困境的煎熬。孩子不但未能与家庭一起同舟共济（这种协同感对孩子的成长是非常有利的），而且，他也不知道在经受挫折时该怎么办，由于妈妈的保守秘密而使他们丧失了学习应付经济困境的机会。

比较好的处理方式应该是根据孩子的年龄适当地告诉他们一些情况。如对于十几岁的孩子，可以让他们知道整个事情的真相；对于几岁的孩子，则委婉地告诉他们：现在情况有了变化，花钱的方式也应该做一些改变了。

在困难时期，妈妈常会感到内心有愧，难以向孩子说"不"，但是她们又必须说"不"，必须让孩子知道：只有亲身经历过痛苦，才会真正懂得什么是幸福。一个人只有经历过没钱花的时候，才懂得钱的珍贵。

对于孩子手中的零花钱，妈妈可以这样安排，在给孩子零用钱的同时让孩子自己记一笔账：每个月他得到多少零用钱，买了些什么东西，这些东西价格多少。如果孩子记账清楚，应给予鼓励；如他不记账或滥购物，则给予警告。每月给孩子的零用钱要确定一个数目，再帮助他制订一个计划。

许多孩子生活在一个非现实的经济世界里，因为他们住在家里，没有太多的生活开支让他们承担。当他们长大后不得不开始自己付房租、水电费、买食物和衣服以及付交通费用时，他们会束手无策。

妈妈给孩子最有价值的帮助，是给孩子提供行动上的指导和情感上的支持，而不是物质上的帮助。最理想的方式应该是指导孩子确立一个目标，然后鼓励他们通过自己攒钱来实现这个目标。可以想象，一个孩子在生日的那一天得到妈妈送的一个新相机，与他自己依靠平时的积蓄买了一个新相机，他的感觉是绝对不一样的。前一种情况，他会觉得得到相机是自然而然的事，后一种情况，他会感受到一种成功的喜悦，他会懂得如何通过自身的努力来实现自己的目标。

　　孩子对钱必须有一种责任感，否则的话他们可能在面对一些事情的时候一无所措，不知道该怎么办，也不知道下一步将要干什么。妈妈最好能够始终如一地要求孩子按规定的数目存钱、开销，不要乱花钱。父母一般而言不宜在孩子花钱的时候做过多的干涉，但可以要求孩子制定一份比较详细的开支计划，妈妈可以对该计划做相关的指导。对孩子来说制定预算可以帮助他们实现特定的目标。预算的内容可简可繁，但应包括以下几方面：总收入是多少；各项支出所占的比例；收入的各项来源；花钱的用途等。

　　为了帮助孩子为未来生活做好准备，可以让孩子买日用品，为家里买菜、交电话费等。让他自己考虑日常花费的额度，按必需到次要逐个列入计划，在固定的零用钱中开支。让他学着做预算，做到有计划地开支。一旦孩子成熟了，妈妈还可以翻开账本，告诉他家中的钱是怎么花的，以帮助孩子了解该如何掌管家庭的"财政"。但不要在孩子的请求下为他支付一些不必要的开支或者替他弥补乱花钱造成的"财政赤字"，否则，永远都无法让孩子学会有计划地开支。

　　大件物品的购买将使孩子得到多方面的锻炼，协助孩子购买第一个大件有着很重要的意义。

　　有一个孩子叫涵涵，拿到压岁钱后，非常想买一辆自己喜欢的小自行车。涵涵的想法得到了妈妈的支持，因为这个小自行车是涵涵需要的。

　　但是，在选购的时候，涵涵与妈妈有了不同的意见。涵涵一进超市，就看中一款自行车，外形也好，功能也合适，就是价格比预算的要高出很多，可能花掉他所有的压岁钱。妈妈给涵涵提议，多比较几家，然后再决定买不买。涵涵已经完全被这辆自行车吸引了，他坚持非买这款不可。

　　妈妈没有强行纠正涵涵的想法，而是让涵涵买下了这辆自行车。不久,妈妈带涵涵去另一个超市购物,看了一下那个超市的自行车。涵涵看到那个超市里的自行车款式更多,价格更实惠,一下子后悔起来。妈妈根本没有责备涵涵,但是,涵涵从那次开始,以后在购物的时候都会做到货比三家,并且还会询问妈妈是否有更好的提议。

在花钱的过程中,妈妈和孩子的看法并不一定会相同。妈妈往往考虑得更实在、更理性,而孩子往往凭感觉。这种时候,如果妈妈听任孩子一意孤行,可能买回家的产品不实用。但是,如果妈妈把自己的意见强加于孩子,孩子只会产生更强的叛逆情绪。妈妈可以给孩子提建议,但是最后的决定权还是要交给孩子。因为这是孩子自己的零花钱,他们有理由支配,而且,他们现在能支配自己的零用钱,将来才能支配自己的薪水、资产。

在孩子自己支配钱的过程中,妈妈要允许孩子犯错。孩子最初花钱时会出错,买东西时欠考虑都是预料中的事,妈妈要有宽容的心态,不要动辄打骂孩子。孩子在小时候做错决定,损失的只是几十元,几百元,这些教训却可以让孩子明白理财的很多道理,这样可以避免长大后的理财失误。孩子在幼时理财过程中遇到挫折,在以后的理财中就会更加谨慎。

即使1美元也要赚

水滴石穿、积沙成塔的道理人人都懂，但一进入真正的实践，恐怕没有多少人能坚持做到，很多人眼高手低，对小的利益不屑一顾，梦想一朝暴发，却多都在梦中沦为平庸的人。

小张的家境不太好，最近又因公司裁员失了业，儿时的伙伴给他介绍了一个看墓的工作，虽然环境不太好，但工资很不错。起先小张还满怀热情的，但两个月下来便向朋友诉苦："他们躺着，却让我自己坐着，这太不公平了，还不如……"

可想而知，如果工资再低一点小张更不会去干了。劳动是谋生的唯一手段，每一个人都必须从小学会攒钱，如果小张继续干下去，很可能有翻身的机会，至少他的生活会有保证。

一位少妇提着一个大手提箱在忙着赶火车，看起来很着急，无意中她看见一个老头正从身边走过，便上前说："先生，您能不能帮我把行李拎到车上，我给您1美元。"老头定了定神，说"可以。"拎着箱子把少妇送上了车。当她把1美元放在老头手中的时候，列车长正好碰见，"您好，勒克菲尔先生，欢迎您的光临。""什么？勒克菲尔先生？我怎么能让您帮我拎包呢，天呐，真是个过错……""不，"勒克菲尔说，"我帮您拎包是

第八章 让孩子光明正大地追求金钱

因为您给了我1美元的报酬。"说着,当众将那1美元放进了自己的口袋中……

这是一个世界级富翁生活中的一幕,多么令人震撼!他家财万贯,却为了1美元而帮一个普通少妇拎手提箱,难道说这样的事不会给我们一点点的启示吗?

在西亚,在美洲,很多的妈妈常常都会教育几岁的孩子学着通过正当的手段获得收入。有的小孩子帮忙送报可以得到一些报酬,还有洗碗、吸尘、擦玻璃、倒垃圾、割草、洗车、清理车库、油漆墙壁、修剪花园等。即使家庭经济比较好,妈妈也会鼓励孩子用自己的双手去劳动赚钱,让孩子自己去支付保险费或部分学习费用以及其他费用……我们有理由相信,孩子得到的不仅仅是1美元1欧元的积攒,更多的是日积月累,更多的是孩子培养的这种生活习惯!因为孩子一旦满了18岁,都要离开家庭出去打工,独立生活。

一个小男孩家境很好,可是妈妈给他的零用钱却很少,因为妈妈总是告诉他,赚钱要靠自己付出劳动,因为他现在不能干什么活,所以零花钱自然就少。有一天,妈妈对他说:"儿子,你不是想有更多的零用钱嘛?你可以试试这个办法。"

"什么办法?"小男孩急切地问。

"我们这里的垃圾箱里有很多的饮料瓶,你可以捡来卖啊。"

"嗯,妈妈,这个主意不错。"

从此以后,小男孩就趁着空闲的时间去捡饮料瓶,有时还到邻居家上门收购。

后来,邻居干脆把用完的饮料瓶直接送到他家。

靠着卖饮料瓶子,小男孩已经挣了一小笔钱。

有理由相信,这个男孩长大一定是个出色的商人!他懂得积攒,并在这个过程中形成了习惯。他的妈妈把孩子找不到打工机会和同妈妈要钱看成是莫大的耻辱，为了孩子以后更有自信心，不惜一切代价为孩子创造受雇用机会。回过头说，我们的妈妈为什么不也试一把呢，从小事情做起，哪怕孩子每次也只赚1角钱……

第八章 让孩子光明正大地追求金钱

告诉孩子,要花钱,自己挣

民间流行这么一句话:"富不过三代"。第一代辛辛苦苦打下基业;第二代因为跟着第一代创业,多少还能够珍惜钱财来之不易,足以守住资财;到了第三代,完全是在锦衣玉食的环境下成长,没有创业的艰难,也没有了守业的观念,慢慢地,钱财散尽,复归到贫穷。

这是一对很富有的美国夫妇关于孩子财产继承问题的对话。

美琳达说:"约纳森,你知道吗,昂那有了自己的女朋友了!叫梅丽尔!"

"今天昂那在电话中说,他打算租一间大一点的公寓!"

"看来,昂那的课余生活要加倍努力打工了,上帝保佑他!"接下来,美琳达用商量的口吻说:"昂那的新家距离学校有些远,所以他还需要买一部汽车。昂那成年了,约纳森,我想我们是否应该买一辆汽车送给他,你说呢?"

约纳森回答:"我相信他能处理好他的事情。买车、换住地都是年轻人必须独立面对的事情,我相信他能找到最好的解决方式!他一向很聪明!"

"我当然明白!但是,最近,我有时会觉得,我们这么做,对孩子来说,是不是有些残忍,或者说是一种伤害呢?"美琳达若有所思。

"残忍？伤害？哦！美琳达！请仔细看看我们基金会的资料中那些需要帮助者的名单吧，那些孩子可没有100万美元的遗产继承机会！亲爱的，让我们再来看看别的平民的孩子们吧！他们靠自己的劳动换来金钱，他们过得很开心，很快乐！"

良久，美琳达叹了口气，说："约纳森，你说得对极了。我们是该让孩子学会一些生存的本领了。真正的幸福还需他们自己的努力！继承了财产，孩子今天也许是富豪，明天未必仍然是。我刚才只是偶感而发。"

约纳森双手紧紧抱住了美琳达的肩膀，注视着妻子，温柔地说："谢谢你理解我。我们不必担心，相信约纳森家族中那些聪明的孩子一定会创造出自己美好的未来！相信我所说的！"

为人父母者都十分愿意将自己的钱财交给儿女花费，而且认为这就是父母对儿女的爱的最佳表达方式。很多妈妈甚至认为，自己一生辛辛苦苦地挣钱，就是为了让孩子将来不至于吃苦受累，让孩子有一个良好的生存环境，他们认为自己一辈子都是在为儿女活着的。可是，却很少有妈妈会思考一下，这种爱孩子的方式到底对不对，这样做到底是不是真的爱孩子。

与那些把所有的财富留给孩子的父母相比，约纳森夫妇宁愿将自己的大部分财产捐给最需要它们的人，也不随意交给孩子挥霍。他们认为这才是父母对子女的真爱！这样才能让孩子在这个社会上自强自立，让孩子凭自己的本领去赚钱。在他们看来，教会孩子生存的本领，远比给他们金钱有意义得多。

世界首富比尔·盖茨在谈到财产继承问题的时候，不止一次地公开说过："我绝不会把巨额遗产留给孩子。对孩子来不得半点施舍，所以，我从没有打算为他们将来留下多少财产，甚至我都没有告诉过孩子，现在或是将来他们会得到多少财产。我也不想让孩子们过早地接触其他同龄孩子还没有接触的东西，例如媒体记者的追访，或是带他们到一些特殊的公众场合现身。甚至在学校上学，我也对孩子有着很严格的要求。"

后来盖茨宣布,在自己180多亿美元的财产净值中,只给每个孩子留下1000万美元,剩余的将全部捐献给慈善事业。

在美国,企业界人士有一种共识,让孩子坐享其成是人生中最糟糕的事。这会使孩子没有机会去经历他们自己的成功和失败。人生真正的幸福来自于自己的努力,而不是不劳而获地得到别人的施舍。所以,他们都不会剥夺孩子自己赚钱的幸福感觉,也不会把太多的财富留给孩子。

对于美国的许多成功人士来说,如果他们觉得自己的子女不争气、不成才,宁肯花钱雇用一个有才干的经理去经营他们的事业,也不愿意把家业交给无能的子女。

这些美国父母深知,在金钱中长大的孩子,容易沉浸于无忧无虑之中,容易让他们不思进取。相形之下,约纳森正是为了自己心爱的孩子着想——先让孩子学好生存的本领,再给他驾驭财产的机会,只给他一根火柴的力量,余下来的则要靠孩子凭自己的能力去点燃整个大草原。当孩子有能力点燃整个草原的时候,财富和金钱对他来说将会轻易地获得。已经掌握了生存技能的他们,是不会害怕生活中的狂风暴雨的,他们已经有足够的能力来对付这一切了。

植物需要水,没有水它们将无法生存,但是如果将整棵植物都浸泡在水中,那么过不了多久,这棵植物就会因为水分过多而被淹死。所以,虽然需要,也要适可而止,不能无止境地给予,否则面对的只能是一个悲剧。

再穷不能穷孩子!但这条原则落实得过于彻底,我们有必要修正一下:再富不能富孩子,并且告诉孩子,要花钱自己挣。

培养孩子的节俭意识

让孩子懂得现有生活来之不易,它们都是用汗水和心血收获的,随意浪费是不珍惜劳动果实、不尊重劳动的表现。让孩子经常参加劳动,如果有条件,可以带着自己的孩子去参观一些工厂、农村的生产劳动过程,参观图书、报刊的印制过程,在实践中体验劳动的艰辛。

培养孩子勤俭节约的意识,是塑造良好品德的开端。但是,在独生子女占绝大多数的今天,尤其是家庭收入都得到很大改善的今天,相当的人已经大大地忽略了对孩子的节俭教育。一个没有节俭习惯的孩子,不会懂得父母的钱来之不易的道理,同样,一个没有节俭习惯的孩子长大后,也不可能热爱工作,因为节俭与勤劳是紧密相连的。只有懂得辛劳的孩子才懂得一衣一食一物来之不易,也才懂得俭朴刻苦顽强。

相比之下,国外的家长明白得多,他们会让孩子去找工作,让他们亲身体会到赚钱是多么难,从而培养孩子的节俭意识和理财观念,让他们懂得钱应该花在那些该花的地方,不能随便乱花。

哈理的祖父勒克菲尔是美国勒克菲尔财团的董事长,他的妈妈是曼哈顿公司的经理,家境非常好。但他们不仅自己生活节俭,也不允许子女们铺张浪费。这个家族的一个家规就是:孩子长到18岁以后,经济上必须自理。哈理是美国哈佛大学经济系的高材生,还到纽约港曼哈顿码头参加劳动,开吊车把集装箱从货轮上卸下。他说:"我妈妈年轻时,比我更苦。她当年在普林斯顿大学读书时,为了交付昂贵的学费,每到假期就到密西西比河的货轮上当水手,干着最脏最累的活,这样才读完大学。祖父虽有钱,但我从不伸手要钱,因为这是家规。"

年轻的妈妈们,我们的收入远不及这位董事长,但我们中有多少人"相当阔绰"地对待了孩子!这是为什么呢?

1963年,周总理出访亚非欧14国,到了埃及首都开罗,他换下缝补多次的衬衣,随行工作人员不便拿给外国宾馆去洗,只好请我国驻埃及使馆的同志帮忙,并叮嘱洗时不要用力,以免搓破。大使夫人看到后,感动得边洗边流泪。

周恩来贵为一国总理,家常饭菜却很简单,主食经常吃些粗粮,副食一般是一荤一素一汤。他规定的工作标准餐是四菜一汤的家常饭菜。他说:"四菜一汤既经济又实惠。"他在外地视察或主持会议,同大家吃一样的饭菜,从来不搞特殊,离开时一定付清钱和粮票。

故事有些老调,但历史并不久远。

对孩子真正的爱,不是让孩子拥有最好的物质享受,而是从小为孩子打下一生受益的基础,让孩子拥有光明的未来,拥有幸福的人生。任何一个做父母的不可能、也不应该对孩子千依百顺,孩子要什么就给什么。不权衡需要、不权衡利弊的爱对孩子没有任何好处,只有培养孩子节约俭朴的习惯,才能促进孩子的健康成长。

培养孩子的节俭意识,应当从自身的举止开始去熏陶感染孩子:

(1) 引导孩子正确认识钱

要让孩子从小懂得钱是什么,钱是怎么来的,应如何正确地对待钱财,不义之财绝不可取。对于一些年龄很小的孩子,父母应联系实际生活给孩子讲解，多引用一些事例；年龄大的孩子，可以跟他们专门讨论钱方面的问题。

（2）引导孩子怎样去花钱

其实，孩子的消费行为是由被动慢慢升为主动的，从小学低年级开始，就应教孩子买东西如何用钱，如何找钱，如何选择物有所值的物品。教孩子把钱保管好，防止丢失、被窃。随着年级升高，要让孩子学会先认真思考再花钱，而且逐渐养成习惯，避免盲目消费。让孩子当一日家、当一周家、记收支账，显然，这是培养孩子学会理财和培养节俭品质的好方法。

（3）引导孩子懂得量入为出

必须要让孩子懂得，每个人每个家庭的经济情况是不一样的，花钱也要看支付能力，不能一味地满足自己的要求，不考虑家庭的收支情况。

第九章

从小培养孩子的社交能力

人际交往是交流信息、获取知识的重要途径，是认识自我、完善自我的重要手段，是集体成长和社会发展的需要。

我们认为无论大人、孩子在人际交往中都要遵循必须的原则：①用适合的方式待人接物，不让人感到尴尬和难堪；②了解对方的原则，不触犯对方的原则；③要勇于帮助别人改正错误；④要严于律己，宽以待人，勇于承认自己的错误；⑤尽量不要直接批评、责怪和抱怨别人；⑥互相尊重，求同存异，避免过于激烈的争论；⑦互相帮助，取长补短。

第九章 从小培养孩子的社交能力

良好的口才，是孩子成功的基础

让孩子伶牙俐齿，就要丰富孩子的经历、拓展孩子的兴趣。正如清清山泉来自于源头活水，高水平的口头语言表达能力是以孩子的广博见识、开阔视野与广泛的兴趣为基础的。

善于说话是现代社会对每个人的基本要求。良好的口头语言表达能力，可以使人凭借不凡谈吐令他人刮目相看，可以更好地展示自己的才干，灵活地处理人际关系，因而成为现代社会中竞争优胜者必不可少的素质。

可是，说话，这不是每个正常人都会的吗？难道还有人不会说话吗？确实，尽管孩子在入学前已经掌握了应付日常生活的一般性口语，但是要把自己的所见、所感、所识、所想准确恰当地传达出来，并且求得听者的理解，这又涉及说话人综合运用语音、语调、语气、词汇、句式、逻辑等等语言的要求，在缜密思考的基础上流利、得体地呈现，因而有着相当的难度，需要长期的努力才能达到。对于孩子而言，正是掌握基本的语言技能，为获得滔滔不绝的完善口才打下基础的时期。而若忽视孩子口头语言表达能力的训练，有可能严重损害孩子语言能力、交际能力、自我表现能力的发展，甚至影响其个性健康发展。

许多妈妈都发现了这样一个似乎矛盾的现象：很多孩子在一般的场合下随便聊天时一个比一个能说，可是一到课堂发言、即兴演说、当众讲话等正式场合，一旦要求他们用完整、规范的话语表达思想、情感，他们就脸红胆怯、张口结舌，说不清也道不明了。

其实，这个现象并不奇怪，恰恰证明了日常口头交流与较高水平的口头表达能力是有一定距离的。前者存在于松散、随便的情境中，基本上无需孩子选择语言形式及剪裁语言内容，孩子也不会感觉到任何心理压力；后者则在语音、语气、语调、语速、姿态等形式方面及遣词用句、逻辑顺序、材料选择与组织等内容方面均有较高要求。因此，胜任一般交谈的口头语言能力不难掌握，然而要想"更上一层楼"，就不那么容易了，孩子是不是真正地伶牙俐齿也就在这里见了分晓。

基本的说话能力是每个孩子都具备的，并且，每个孩子学习口头语言表达的潜能都是惊人的。他们善于模仿，思维活跃，争胜心强，更容易克服羞怯等不利心理。只要教育得法，每个孩子的口头语言表达能力都会跃上新的台阶。孩子伶牙俐齿的口语表达能力不是天生的，而是后天的教育、磨炼造就的。

那么，为什么一个学校一个班的孩子，他们的口头语言表达能力有的强有的弱呢？为什么上了朗诵班又上演讲班，孩子的口头语言还是贫乏无味呢？为什么"威胁利诱"、"软硬兼施"之下，孩子还是张不开嘴、沉默寡言呢？

看起来，把孩子训练得伶牙俐齿似乎还得先找找其中的"秘密"。

其实，揭开其中秘密后，您会发现那些秘密都是在日常生活中明摆着的。只是我们许多父母熟视无睹罢了。

首先，要想孩子能够伶牙俐齿，妈妈就要想方设法让孩子乐于开口，爱说话。

尽管有的孩子一天到晚说个不停，有的孩子半天也说不了几句，可是每个孩子在内心深处都有强烈的表达需要，这就是引导孩子从不说、少说到爱说、会说的最有利因素。

细心的妈妈会发现，当孩子在大街上看到一辆崭新的汽车，在园子里看到一只小鸟，自己看一本有意思的书时，他们常常会欢呼雀跃，或者自己拍手笑起来，这种时候，正是孩子急于开口表达的时刻。抓住孩子渴望表达的时机，鼓励孩子说话，做孩子的热心、耐心听众，就在引导孩子爱说的问题上前进了一大步。要让孩子不是一时一刻爱说，而是养成敢于开口、乐于开口的习惯，那就需要在孩子开口表达时及时肯定、多多鼓励。有时候，孩子由于经验、知识的局限，他们的表达可能出现用词、句式、读音等各种错误。此时，成人一旦加以嘲笑，孩子便可能羞于开口，压抑了他们的表达需要；有时候，成人因为工作忙，孩子叽叽喳喳地说话、询问令成人心烦,往往会喝令孩子"闭嘴",这样做常常使孩子心情不快,沉默寡言。只有对孩子的口头表达抱有始终不变的热情态度,多鼓励,多进行正面引导,避免粗暴批评或"揪小辫子",才能让孩子乐于开口、爱说话。

其次,要让孩子掌握良好的口语表达能力,妈妈就需要在日常生活中贯穿口头表达能力的训练,让他们在日常语言训练的汪洋大海中熏染出色的口头表达能力。

当带孩子去公园游玩,不妨边游玩边和孩子一起描述美好景致、评论所见、抒发所感;当您携带孩子逛商场,不妨和孩子一块儿聊聊琳琅满目的商品,用语言描述外形、包装,谈谈产地,议议对这件商品是否喜欢;即使吃饭、看电视时,也可以充分地利用起来,鼓励孩子讲讲一天的所见所想所感,鼓励孩子发表自己的意见,如此日积月累,年复一年,孩子的口头语言表达能力何愁不强?

再次,要培养孩子的口语表达能力,妈妈就要帮助孩子积累语言素材,使孩子有话可说。

积累语言素材可以通过多读、多抄录、多熟记名家名篇来进行。名篇优美典雅或精辟绝妙的语言既可作为孩子规范表达的榜样,也可让孩子"直接拿来",为自己的表达增添文采和说服力。

积累语言素材还可以通过从报刊、广播、广告中汲取生动的"活"语言,使孩子的表达富有时代气息,并产生意想不到的效果。

当然,也别忘了提醒孩子虚心地向老师、家长、同学、邻居等人学习妥帖的用词、形象的比喻、生动的叙述,博采众长,使孩子的语言丰满、生动。

见多识广,识广言佳。当孩子希望听音乐歌曲、赏美术书法、访名胜古迹之时,千万别以为这是浪费时间;当孩子请求到体育场上角逐,在邮品、火花世界中徜徉,在棋盘上拼杀时,千万别以为这是不务正业——其实,他们正在体验生活,品味文化与人生,为滔滔不绝的口头表达准备永不枯竭的源泉。

智慧的人就是那些善于学习的人

每个妈妈都希望孩子成才,孩子要成才,必须好好学习。然而现实生活中,有很多孩子在中小学阶段的学习成绩并不理想。要想使孩子成为学习的主人,妈妈必须点燃孩子的希望之火,开启其智慧之门,夯实成功之基。

犹太民族是一个充满智慧的民族,皆因为他们善于学习。他们认为智慧源于学习,只有善学者才能充满智慧。他们之所以在经商中极富智慧,就是因为千百年来,他们父母不断教育自己的孩子要乐于学习、善于学习。他们告诉孩子:"智慧的人就是那些善于学习的人,只要你善于学习,你也可以很有智慧。"

一直有这种说法:犹太民族是天生会赚钱的民族,甚至还流传着一个非常有趣的说法:"全世界的钱都在美国人的口袋里,而美国人的钱却在犹太人的口袋里。"虽然在美国,犹太人占总人口的2%,但却有1/3的百万富翁是犹太人。这一切都是因为犹太人有聪明智慧,更因为犹太人善于学习。

4岁的林林刚上幼儿园时,对很多事物都充满好奇。他发现很多小朋友有各自的优点。他特别崇拜老师,因为老师好像什么都懂。

林林回家后告诉妈妈:"我发现很多小朋友与我有不同点,还有,老师很有学问,他什么都懂。"母亲笑着告诉他,孩子,你说得对,很多人都有各自的特点和长处,老师懂得的知识很多,这些正是你要学习的地方。你要从别人身上学习好的东西,来增加自己的智慧。

从此,林林学会了取长补短。当他发现某个小朋友很会唱歌时,就会主动上前向对方请教唱歌技巧;当他发现某个小朋友写的字很漂亮时,他又会学习对方的写字经验;当他发现老师对物理知识很了解时,他就常向老师请教自己不懂的问题。慢慢地,林林的知识越来越丰富,也变得越来越有智慧。

有一次,幼儿园举行一次拔河比赛,林林的小班第一场比赛遭失利。当大家都很着急的时候,林林想出了人员布置的办法。他说,我们应该把力气大的小朋友放在绳子后头,力气小的安排在绳子前头。然后,他和其他小朋友把人员重新布置了一下,把身体胖的,力气大的小朋友安排在后段,这样果然有效,他们在第二场、每三场比赛中接连获胜,最终以2:1取得了小组冠军。

林林用智慧的绝招帮助了全班在拔河比赛中胜出,这与他平时关注生活,善于学习是分不开的。特种是他喜欢向老师请教物理方面的知识,当然,正是林林母亲很早就告诉孩子学习的重要性,才会让林林很有学习意识。

事实上,犹太孩子长大后很有智慧,正是因为他们从小就善于学习。

在平时的教育中,犹太人很喜欢让孩子记录,给他一个笔记本,不停地记录自己认为很有道理的句子,让孩子有空就翻开细细体会其中很有智慧的话语。

训练孩子的忍耐力是一个方面,犹太人常常对陌生人的恶劣言语保持冷静,从未恶语还击,他们的行为给孩子们很大的影响。他们也将这一理念毫无保留地传给孩子,他们认为,恶语相向只是一时的气愤,我们只有宽容别人,不与他计较,才能考验我们的忍耐力,孩子们经常深受启发,懂得了宽容和忍耐在为人处世中的意义。

他们不但从书本中,也善于从他人身上学习美好的品德。犹太人重视积累点滴智慧,因为积累智慧是一个漫长的过程,也是一个不断学习的过程。唯有善于学习,才能让宝贵的智慧为己所用。

从小培养孩子的幽默感

许多父母,特别是父亲对子女常常板着面孔,以权威的架势向孩子发号施令,却不善于运用幽默来增进沟通效果,引发喜悦,消解感情的隔阂。可以说,以愉悦的方式表达真诚和心地善良,已成为父母教育子女的得力助手。

幽默是智慧的结晶,幽默是灵感的升华。在人际交往中,幽默发挥着神奇的作用,幽默可以避免交际中的摩擦,是消除隔阂的良药,是人际关系的润滑剂。拥有幽默就拥有爱和友谊,凡具有幽默感的人,所到之处,都是一片融洽和欢乐的气氛。

犹太人让孩子从故事中懂得幽默的力量,并在生活中培养孩子的幽默感。

恰当的运用幽默可以化解不必要的尴尬。

一位妈妈在家里打扫卫生的时候,不小心把身后的女儿碰倒在地,见女儿坐在地上撅着小嘴,妈妈赶忙向孩子道歉:"对不起,我不是故意的,请原谅妈妈。"见小女孩还不消气,这位母亲做了一个滑稽的动作,对女儿说:"来吧,你也来碰我一下。"女儿立刻被妈妈逗乐了,从地上爬起来,和母亲一起打扫卫生。

几年后,这位小姑娘在公交车上不小心踩了一个小伙子的脚,回头一看,发现小伙儿很不高兴,忙说:"对不起,对不起,我不是故意的。"接着伸出自己一只脚,认真地说,要不,你也踩我一下吧!小伙儿的怒气立刻就烟消云散了。小姑娘再趁机搭讪,小伙子很高兴地和她交谈。她的活泼和幽默,给小伙子留下了深刻的印象,后来俩人还成了朋友。

幽默就是这样,不但能够打破尴尬的僵局,还能帮助孩子结识到朋友。可以说,幽默是智慧的结晶,每个幽默的妙招都是智慧酝酿出来的。只有从小培养孩子多运用幽默,才能让孩子长大后具有幽默感。

在以色列,曾经发生了这样一件事情。一位父亲带着儿子来到了一家超市老板的办公室,当孩子向老板推销收银机的时候,对方突然大叫:我们对收银机没兴趣!孩子的父亲靠在柜台上,哈哈大笑起来,仿佛听到世界上最好笑的故事一样,超市老板瞪着他,感到莫名其妙。

父亲站直身子,微笑着道歉说:"对不起,我忍不住要笑。你让我回忆起另一家商店的老板,他刚开始也说对收银机没兴趣,后来却成了我们最好的主顾之一。"

奇怪的是,不一会儿,他们搬进一台新的收银机,犹太父亲以行家口吻,向老板说明用法——老板终于买下了!

这位父亲通过颇具幽默感的推销成功地卖出了收银机,让儿子在一旁从中受益。在犹太人看来,笑声和幽默是对付尴尬的最好办法。后来他儿子成为公司的继承人,并通过幽默推销打开了不少的销路。

幽默是通过愉悦的方式表达内心的真诚、大方和善良。它像一座桥梁拉近了人与人之间的距离,填平人与人之间的鸿沟,是奋进者和希望得到朋友的人不可缺少的东西,也是每一个希望减少的生活难题的人必须依靠的"拐杖"。所以,犹太父母总是潜心教育自己的孩子,掌握幽默的交际手法,让自己的生活多一分快乐,多一分成功。

让孩子远离谣言和诽谤

随着年龄的增长,孩子生活环境的范围在逐渐变大,从小家庭到学校到社会,孩子接触到的信息也在增多,社会上一些假恶丑的东西也不可避免地进入他们的眼帘。许多妈妈为此感到提心,害怕孩子会受影响。

社会之大,鱼目混珠,其负面影响丝毫不可小看,个别人为了达到自己不可告人的目的,恶意欺骗,甚至恶意中伤别人的名誉,甚至不惜以身试法。究其原因,自私、名利、嫉妒在心中作怪,不是君子爱财取之有道,不是天下为公、公平竞争,而是明一套、暗一套,笑里藏针……不谙世事的孩子生活在这样的环境中只有时时提高自我意识,多积累个人主见,才能避开暗礁,走出泥潭。

谣言,即远端的谎言。"狼来了"的故事告诉孩子说谎没有多大好处,谎言除了欺骗感情和掩盖自己的虚荣,增长自己的自责和悔恨外,再也找不到它的价值。谣言会蒙蔽民众的眼睛,给社会带来混乱。

如果大家都知道你是一个爱造谣或者是个传谣的人,那你不仅很难交到朋友,而且也很难和你的朋友保持友谊。

谣言是怎么被传出来的呢?

一般说来,传播谣言的主要渠道是偷偷议论别人。

谣言的出现大概有如下原因:

出于误解；

出于对别人的一种冷酷的心理；

出于嫉妒；

出于报复。

无论谣言出现的原因是什么，如果你帮着传播谣言，那你一定不是一个好的人。即使你根本就没有造谣，只是传谣，你也是要故意伤害某人。

很明显，谣言能毁坏一个人的名誉，对一个人打击很大！如果你损害了某个人的名誉，你就是伤害了那个人。

专家的观点是，如果一个谣言涉及你，你就要想办法忘掉它。大多数谣言都会不攻自破。

但是，如果那个谣言真的是很坏，而且有人开始用它来取笑、攻击你，我们对孩子建议——你可以告诉你的老师或者你所信任的任何一个成年人。他们会阻止谣言传播，使谣言很快停止。

我们提醒孩子应该牢记这一点：己所不欲，勿施于人。如果你不想别人议论自己，那就请不要传谣！

诽谤是谣言的"升级"，为了满足个人的嫉妒心，不惜毁灭他人的名誉，漠视他人的人格，信口开河，性质相当恶劣，有的孩子不能正确把握自己，误入歧途。

小明和小丽都是班内的学习尖子，每次考试两人的成绩都不错，相差无几，很是让同学们羡慕。虽然平时表面上两人有说有笑，但小明心里总是有点不服气，认为小丽是他的"钉子"。也巧，年级内要选团主席，两人又同票当选。嫉妒心使小明在第二天的网上发了这样的帖子"图书室被盗，小丽有嫌疑"。小丽羞愤之下不得不退出竞选。几天后，正当小明得意时，一副手铐戴在了他的手上……

谣言和诽谤是心灵的毒草，它像蚁穴溃堤一样逐渐腐蚀着孩子的心灵,在它们面前,光明和诚实,善良和谦虚被蒙上了黑纱,发展下去对孩子的心理将是消极的影响,十分有害的,妈妈要帮助孩子及早树立预防意识,帮助他们提高认识,分清利害,从而健康快乐的成长。

第十章

妈妈不要这样说

对孩子的语言伤害一向被人们所忽视。其实这种伤害比身体上的伤害更惨痛，更隐蔽，更具有破坏性——伤疤留在心里，表面不露痕迹，可几十年后仍在隐隐作痛，甚至把受伤者改变成一个惯于伤人的人。

任何话语都是言者自己心态的反映。从一些父母对孩子常说的话中，可以看出他们仍只是在想当然地履行教育职责，对现代教育理念知之甚少。

第十章 妈妈不要这样说

"这个假期你根本就忘了学习"

 有些父母经常在家里打麻将,吃喝玩乐,却要自己的孩子认真读书。众所周知,身教重于言教,父母在生活中的形象常常成为孩子模仿的对象。父母爱玩不读书,孩子当然会如此。

寒假快要结束了,看到孩子还没有做完寒假作业,妈妈便生气地对孩子说:"这个假期你根本就忘了学习。"孩子听了很不服气,反驳道:"谁说我忘了学习……"于是母子俩吵了起来。

这位妈妈的话之所以没有被孩子接受,是因为在孩子看来,假期便意味着休息,至于假期作业,只要在开学之前做完就行了,不一定每天都要做;再说,假期中孩子也许读了不少书报,或者开展过一些社会调查等实践活动,这也是学习呀!

至此,我们是否可以获得这样的认知:否定性语言,妈妈最好不讲或少讲。若担心孩子完不成假期作业,你不妨在适当的时机提醒他(她)"假期快结束了",孩子便会意识到得赶紧做作业了。当孩子愉快地在书桌旁坐下来的时候,心里充满的便是对妈妈的感激和对自己贪玩的惭愧。

由此看来,妈妈劝说孩子,还须掌握一些科学的劝说艺术。妈妈如果能够了解并掌握心理学上所谓的"苏格拉底问答法",对开展家庭教育不

"去做作业"

经常运用切合实际、合情合理的沟通方法,可以培养孩子的理智感、自信心,增强教育效果。孩子在不明原因的情况下不会有自觉性,你不说明原因,只是"我说你做",会有强迫命令之嫌,孩子会认为你主观,强加于人。所以对你的决定要说明原因。

许多妈妈喜欢对孩子使用命令式语言。比如"去做作业!""去把门关上!"等等。也许有的妈妈认为命令式语言简洁明快,能够较好地显示家长的权威。但不知大家留意没有,这类命令式的语言往往不能使孩子"闻令而动"。有时候孩子即便听从了妈妈的吩咐,也不会表现出心悦诚服的自觉,而只是条件反射似的服从而已。

教育心理学告诉我们,命令式语言是一种容易导致心灵"堵车"的"单行道",通过这种方式,妈妈与子女之间难以达到真正意义上的沟通和交流。为此,心理学家建议妈妈在与孩子对话时多用疑问式语言,这要比使用命令式语言效果显著。

比如妈妈让孩子去做作业,就可以以征询的语气对孩子说:"你是不是该去做作业了?再不做可就没时间做了。"孩子听了妈妈的话,自然会思考一番,心悦诚服地在书桌旁坐下来。

疑问式语言之所以有着这么大的魔力,是因为它会产生"决定权在我这里,妈妈只是在提醒我"的效果,从而使孩子高高兴兴地服从妈妈的意愿。

第十章 妈妈不要这样说

疑问式语言在教育孩子上有着广阔的应用空间。前不久，一位当代美国著名作家撰文回忆她的老师时写道：

上初中时，英文老师雷诺兹先生给每位同学发了一张纸条。纸条上列出了由其他同学写的各种想法和陈述。然后，他要我们以其中某一句话为依据自拟题目写一篇作文。十七岁的我当时对很多事情都疑惑不解，所以我选择的一句话是："我不明白为什么事物是现在这个样子。"

交上作文后，我非常担心过不了关。因为我根本没有回答"为什么事物都是现在这个样子"这个问题，我找不到答案。

第二天，雷诺兹先生让我到讲台上把我的作文念给全班同学听。教室里非常安静。我开始朗读自己的作文：《爸爸，妈妈，这是为什么》。

妈妈，为什么玫瑰花是红色的呢？

妈妈，为什么草是青的，天是蓝的？

爸爸，为什么我不能在您的工具箱里玩耍？为什么我必须苗条得骨瘦如柴？

妈妈，为什么我不能抹上口红参加昨天的舞蹈会？

爸爸，为什么我不能在外面玩到晚上十点？而别的小孩都可以。

妈妈，为什么我们班上的男孩子们不喜欢我？为什么我一定要系上背带，戴上眼镜？

妈妈，为什么我必须毕业？

爸爸，为什么我一定得长大？为什么我必须走出家门，离开你们？

妈妈，为什么您这么爱我？这么宠我？

爸爸，为什么结交新朋友就这么困难？

妈妈，为什么每次看到他的眼睛我就心跳加快？为什么畅游于爱河之中才是世界上最美妙的感觉？

爸爸，为什么您不喜欢有人叫您"外公"？

妈妈，为什么每次过马路您都要紧紧地抓着我的手？

爸爸，为什么我有一天也会老去？

为什么？这一切都是为什么呢？

读完作文，我转过头紧盯着雷诺兹先生，雷诺兹先生也正一动不动地看着我。我看到一颗泪珠缓缓地从他的面颊上滚落下来。

从这篇短文中我们也看到了中美教育的差别，二者在观念和方法上都有所不同。我想这些问题我们的孩子敢于这样发问吗？即使发问了，会有这么多"为什么"吗？我们应当牢记：疑问式语言环境下成长的孩子要比命令式语言环境下成长的孩子更有创造力。

第十章 妈妈不要这样说

"我家的孩子在学习,你别来找他玩了"

玩耍需要充足的时间,然而,许多孩子却无暇去玩,他们每天的"生活"都被妈妈安排得满满的。玩耍,被妈妈看成浪费时间,而学习才是正经事——娱乐和学习被人为对立起来。孩子们没有充足的时间去尽兴地痛快地玩耍,结果"玩"成了远离他们生活的一种渴望。

大家可能都会对自己小时候爱面子的事记忆犹新。孩子在具备了初步的分析和判断能力后,往往乐于在小伙伴面前显示自己的独立性,这是孩子共有的心理。若孩子的小伙伴找上门来,妈妈说:"我家的孩子正在学习,你别来找他玩了。"孩子就会感觉到自己在小伙伴面前"没有面子",继而对妈妈产生不满:你凭什么赶走我的朋友,我的事用不着你管。

现在的孩子天天被家庭所提供的优越的物质条件包围着,爱吃什么买什么,想要什么给什么,但许多孩子却一点都不快乐,因为妈妈还有个令他们咬牙切齿的要求:不许玩!孩子们对此苦不堪言:"我为什么不能玩儿?"

我曾经问过许多孩子:"你最快乐的事情是什么?"

"玩儿。"孩子们的回答简单、干脆。

从孩子们的回答中,我们看到,孩子对快乐的理解其实很简单,也很单纯。爱玩是孩子的天性,只有在玩耍中孩子才会忘却烦恼,消除疲劳,愉悦身心。玩耍给他们带来的愉快情绪会让他们更加热爱生活。

在玩耍的时候，孩子的身心是自由的，他们的想象力可以自由发挥，行动可以自由支配。正是由于他们随时都能把注意力转向自己最感兴趣的方面，所以他们百玩不厌。

"小强，明天我们还玩啊！"

"好，你明天来找我吧。"

孩子们在愉快地玩耍之后，总是彼此恋恋不舍地道别，期盼着明天有更多、更好玩的事情等待着他们。

玩耍需要充足的时间，然而，许多孩子却无暇去玩，他们每天的"生活"都被妈妈安排得满满的。玩耍，被妈妈看成浪费时间，而学习才是正经事——娱乐和学习被人为对立起来。孩子们没有充足的时间去尽兴地痛快地玩耍，结果"玩"成了远离他们生活的一种渴望。

"练完琴再去玩。"

"一天到晚就知道玩！"

"别玩了，画画去。"

许多孩子就是在这样的命令声中不得不放弃玩耍，硬着头皮去做一些并不能带给他们快乐的事。他们失去了选择的自由，当然谈不上快乐。

联合国《儿童权利公约》第31条规定：儿童有权享有休息和闲暇，从事与儿童年龄相宜的游戏和娱乐活动。要想让我们的孩子快乐起来其实很简单：给孩子自由支配的时间，让他们尽情地去玩耍吧。

另外，有些妈妈总是担心孩子在和别人家的孩子玩耍时会被欺负，担心孩子会意外受伤，于是将孩子关在家里，美其名曰为孩子营造安全舒适的生活环境，以为这样会给孩子带来快乐。事实上，我们的孩子在这个精心设计的安乐窝里，既没有激动，也不再爱幻想。缺少了小伙伴们的欣赏与喝彩，他们剩下的只有孤独。

妈妈完全没有必要担心孩子被欺负。正是在和小伙伴的交往中，孩子才能学会尊重他人，学会与他人友好相处。而长期封闭在家中的孩子，往往缺乏交往的技能，走向社会后才真是有可能被欺负。

　　同样，在朋友面前指责孩子的不足，或者训斥孩子，孩子也会认为"失了面子"。为了挽回面子，孩子甚至会故意表现出不听话的样子。因此，不是了不起的大事，妈妈最好不要当着他人的面指责或干涉孩子。妈妈需要提醒孩子时，最好选择一人独处时，此时说的话容易被孩子所接受。

"我批评你是对的,不许犟嘴"

有时候,孩子对父母的批评会提出异议,进行辩解。这时父母最好予以认真倾听。强行不让孩子讲话,实际上是在表示自己不乐于倾听孩子的申诉,固执己见。若孩子此时"欲把一切说清楚"的想法为之一变,或者敷衍了事,或者干脆什么也不讲,亲子间的交流就会陷于停顿。

一个八岁的小女孩捡起了一片落在地上的杨树叶,她看啊看啊,觉得它很像一幅画。于是,她走到妈妈面前,激动地告诉妈妈自己的发现:"妈妈,您知道这片树叶是一幅画吗?"

妈妈认为孩子胡思乱想,便数落了她两句。孩子当然不服了,就反驳了妈妈几句。最后,妈妈生气地说:"我批评你是对的,不许犟嘴!"母女之间便由此开始了"冷战"。后来,那位妈妈找我求助。我告诉她,那是孩子的想象,是正常的也是有益的。她不解地问:"这种想象有什么用?"

面对这样的疑问,讲一讲费曼的故事或许是一个最好的回答。

理查德·费曼在物理界享有崇高威望,曾参与著名的"曼哈顿计划"并获得过诺贝尔物理学奖,是一位卓越的科学家。他十一岁时就拥有了自己的"实验室"。当然,那不过是他家地下室里的一个小角落。"实验室"设备简单,只有一个装上间隔板的旧木箱、一个电热盘、一个蓄电池、一个自制灯座,但就是用这些简单的设备,费曼在这里学会了电路的并联和串联,学会了如何让每个灯泡分到不同的电压。当自己可以控制的一排灯泡渐次亮起来时,费曼后来回忆说:"那情形真是美极了!"

小费曼可真是顽皮到家了,他常常为小伙伴们表演利用化学原理的魔术,比如把酒变成水等等。费曼还发明了一套戏法:桌上放着一盏灯,他先是偷偷地把手放在水里,再浸到苯里面,然后把手向灯焰上一碰,一只手便燃烧起来。他赶快用另一只手去拍打已着火的手,结果两只手便都烧起来(手其实不会痛的,因为苯烧得很快,而皮肤上的水有冷却作用)。他挥舞双手,边跑边叫:"起火啦!起火啦!"所有的孩子都很紧张,全部跑出了房间,而他的表演也就此结束。

小费曼的"实验室"更像是一个"儿童园",他的"实验"也只是一种游戏。但是,现代科学最基本的精神——实验精神,就在这些玩乐和游戏中得到了充分的展现。

一位传记作家曾不解地问:"费曼先生,您小时候是那样的顽皮,在所谓的'实验室'里浪费了大量的时间,您不觉得那时候是在做一些无用功吗?"

费曼幽默地回答:"不是这样,不是的。你想,若没有足够的'无用功',小费曼怎样长大呢?"费曼告诉他,孩子时代的想象之旅,乃至恶作剧、荒诞实验等等,都是诱发科学智慧的摇篮。

费曼儿童时代培养起来的好奇心和超人的想象力,在他步入中年之后终于破芽出土。什么新鲜、离奇的现象一旦落入他的眼帘,他就会像一只馋猫嗅到腥味一样,穷追不舍。一个星期天,他坐在普林斯顿大学的餐厅里喝咖啡,看到旁边有个人把一个餐碟丢到空中,碟子升起时,边飞边摆动,碟子边缘上的红色徽记也随之转来转去。费曼便开始观察碟子的运动。结果发现,当碟沿与水平线之间的角度很小时,徽记转动的速度是摆动速度的两倍。他兴冲冲地跑去把这一发现告诉同事。同事的反应是:"费曼,那很有趣吗,你为什么要研究它?"费曼老实地回答:"不为什么,我只是觉得好玩而已。"这个回答虽不能代表所有科学家从事科学研究的动机,却能告诉我们,如果一个人对我们生活的这个世界缺乏敏锐的关注和好奇,他就不会在科学研究上有什么出息。因为在我们的周围,没有一件事情是毫无意义的。

有着鹰一样眼光的费曼,用"好玩"回答过同事后,继续推算盘子转动的方程式,并进一步思索电子在相同状态下如何运动,接着就是量子电动学……一切都是那么毫不费力,一切看上去都毫无意义,可结果呢?费曼后来这样总结他的工作:"结果却恰恰相反,后来我获得诺贝尔奖的原因全都来自那天我把目光'浪费'在一个转动的餐碟上!"

在游戏中发现,在顽皮中想象,理查德·费曼就是这样从科学顽童成长为科学巨匠。

有时候,孩子对父母的批评会提出异议,进行辩解。这时父母最好予以认真倾听。强行不让孩子讲话,实际上是在表示自己不乐于倾听孩子的申诉,固执己见。若孩子此时"欲把一切说清楚"的想法为之一变,或者敷衍了事,或者干脆什么也不讲,亲子间的交流就会陷于停顿。

妈妈一旦对孩子批评不当,应当自觉改正。即便是批评对了,也应花费一些精力,认真做好善后工作,细心体察一下:孩子是否接受了批评?是否受到触动?改过的决心和信心如何?妥善地处理好上述问题,对孩子的成长至关重要。

这里不妨再举一个例子。日本某成功的企业家因一位部下出了一点小差错而大发雷霆,用捅壁炉的捅火棍敲着地板,把部下斥责了一通。事后他很快就后悔了,于是就对这位部下说:"我只顾批评你,以至于把捅火棍都弄弯了。你给修理一下吧。"部下把火棍修好后,企业家笑着说:"噢,你真能干,修得比原来的还好。"就这样,上下属之间成功地"一笑泯千仇"。

从这个故事中我们可以得知,正确地批评孩子之后,认真、及时、适度地做好孩子的思想工作也是很重要的。

第十章 妈妈不要这样说

"你老老实实地坐一会儿行不行"

不论何时何地,孩子似乎总有做不完的事、说不完的话,有的妈妈便因此烦躁起来,教训孩子说:"你老老实实地坐一会儿行不行?"

孩子天性好动,其兴趣总是不断地被新事物所吸引,不仅心会自然地飞向那个事物,身体也会随之动起来。其实,儿童是为了发泄自身充沛的精力才动个不停的。

也有的儿童对什么事情都心不在焉,注意力难以集中,那是因为他有一种精神空虚的不安感。例如,当他对别的小朋友产生妒忌时,就会感到不安而难以安静。

在这种情况下,妈妈试图逼迫孩子安静下来是错误的。与其让孩子安静地坐在那里,还不如让孩子做点游戏或运动。精力过剩的孩子,只有通过"动起来"才能把过剩的精力释放掉,然后才能安静下来。

另外,若真想让孩子安静下来,引导其读书也不失为一个好办法。美国前总统老布什的夫人芭芭拉·布什,曾以"培养孩子读书"为题介绍了自己的教子经验,可供我们借鉴。

芭芭拉在她小女儿艾比出生后不久,就开始给她读书。起初,这个小宝贝总是喜欢玩弄书皮,揉搓书页。可芭芭拉一点也不在乎,她甚至让她抱着书睡觉。在艾比长到两岁的时候,芭芭拉开始给她读更复杂一些的童话故事。后来发现艾比在阅读和学习方面的能力果然比一般孩子要强。

为了培养孩子的阅读习惯,芭芭拉给妈妈们提出了以下几条建议:

(1)培养孩子的读书兴趣,越早效果越好。有些妈妈认为,婴幼儿的理解能力低,给他们念书是浪费时间。其实不然,当婴幼儿在听你念书的时候,他们的语言理解能力也在悄悄地发展着。

(2)读书要遍及整个家庭。孩子也特别喜欢除妈妈之外的其他家庭成员给他们读书。老布什在担任总统期间,不管工作有多忙,每天都会抽出一段时间给孩子们读书。芭芭拉认为,妈妈和其他家庭成员的爱好和阅读趣味对孩子是有明显影响的。

(3)让图书随时随处可见。很多研究表明,在充满书籍的环境中成长,儿童的读书兴趣和阅读能力会提前发展。因此,芭芭拉建议妈妈应努力为孩子建立一个家庭小图书馆。

(4)帮助孩子选好图书。孩子需要那些与他们的年龄、兴趣及能力相适宜的图书,图书种类也需要多样化。妈妈应让孩子多接触不同方面的读物,如报纸、杂志、故事书,乃至宣传画册等。通过这些读物,孩子会懂得语言文字在我们的生活中是非常重要的。

(5)让图书结合实际,生动有趣。芭芭拉十分注意培养孩子"投入式"的阅读方法。在给孩子读书的时候,她总是尽力让他们参与其中。有时念到一句话的中间时,她会故意漏一个字,让孩子们去补充;有时她会突然提问书中的问题,让孩子去思考。为了使读书变得更有趣,在给孩子读每一本新书之前,她都要让孩子了解一下封面和目录,并让他们就书的内容进行一番猜想。

芭芭拉的上述建议不是纸上谈兵,而是一位细心的母亲对家教实践的思考和总结。她给出的这些建议的核心内容,就是让妈妈们最大限度地参与子女的读书活动,并能做到正确指导、持之以恒。应当说,她的建议对我们广大家长朋友而言是相当有益的。

第十章 妈妈不要这样说

"不要逞能,你做还早呢"

看到孩子主动要求做力所能及的事,妈妈应大开绿灯,鼓励孩子不妨一试。孩子若事情做得还可以或基本合格,妈妈就点点头,笑一笑;做得不好,妈妈就指点一二,帮一帮。孩子敢于向新目标攀登,敢于对自己的能力提出挑战,是一种弥足珍贵的品质,这会使他们早日走向成熟。

孩子有一种"我是一个大人"的心理,他会在某一天把父母紧牵着他的手甩开,独立行走,以显示自己是一个"大人"。孩子的这种心理突出地表现在他对一些陌生的事情跃跃欲试上。

比如说,看到大人洗衣服、扫院子、运煤球、提水、生炉子,孩子便会主动跑上来帮忙,或者干脆请妈妈到一边去,看他"露一手"。妈妈这时若是说:"不要逞能,你做还早呢!"孩子的积极性就会受到挫伤。

孩子终究是孩子,他们想征服一切,但总是很难如愿。他们难以把衣服洗得干干净净,提水、生炉子也许会惹出一大堆麻烦,有些妈妈便以此为理由关闭了孩子尝试生活、走向进步的大门。

对此,教育专家忠告广大妈妈,不能忽视孩子在一些事情上的尝试,即便尝试的结果是失败,那么,经过下次、再下次,孩子总会从失败走向成功。

孩子在"我是一个大人"的心理驱使下,有时候还会呈现"吹牛"的特征。吹牛对孩子来说,是一件再平常不过的事。妈妈对此既不要大惊小怪,也不要横加指责,因为孩子的吹牛与大人的吹牛是性质完全不同的两回事。

　　首先，丰富的想象力正是三到六岁儿童心智发展的特征之一，然而他们尚无能力完全分辨想象和事实之间的差别，加上现在孩子所喜爱的动画片，常常把想象力发挥到极致，采用许多十分夸张的语言、动作，使孩子信以为真，便把想象的事当真了。譬如孩子之间就常有这样的对话："我爸爸力气很大，可以把冰箱搬起来。""我爸爸力气更大，可以把房子抬起来。""那有什么了不起，我爸爸最厉害，用一根手指头就可以把地球举起来了。"但实际上他们可能对自己所描述的情况也不是很清楚，夸大其词的言语只是在想象力的发挥和不服输心理的驱使下自然出口的。

　　其次，有时孩子的吹嘘可能只是在把心中的愿望表达出来。如一个男孩跟同学说："昨天我妈妈给我买了一个跟我一样高的神奇宝贝。"实际上他妈妈并没有买，他看到同学有类似的玩具，心中羡慕，也希望能拥有一个，便通过吹嘘来表达"你有，我也（期望）有"的心理，并不是有意说谎。

　　再次，有些孩子在正常的情况下无法引起别人的注意，因而希望以夸张的言辞将别人的注意力吸引过来。如上科学课时，老师问大家："有没有同学在动物园里看过大象？大象会做什么？"总会有孩子举手发出惊人之言："我骑过大象。""我看过大象飞！"……

　　还有一个原因，就是孩子喜欢表现自己，认为别人都会为自己的表现感到惊奇。因为从以自我为中心的角度来看，凡是孩子认为新鲜、陌生的事物，他便推想别人也会感到新奇、新鲜。如一个女孩刚学会打蝴蝶结，就到处宣扬自己的心灵手巧，急于表现给别人看，表示"我会，你不会吧！"

　　当然，有时妈妈为了凸显自己的能力，不经意间会在人前有夸大、炫耀，孩子耳濡目染之下，难免也学会了这样的言行。

　　要想让孩子少吹牛，也有办法：

　　（1）对于想象力丰富的孩子其实不必过于苛求。妈妈听到一些夸大的童言童语，以一种赞扬、惊喜的眼光看待，可满足孩子爱表现的心理，亦能使家庭生活增添一些乐趣。

（2）多充实孩子的生活经验。借参观、旅游、阅读等机会，带领孩子多看、多听、多接触不同的人、事、物，可以缩短孩子的想象世界与实际生活的距离。这样，孩子说出来的话自然就会比较真实可靠了。

（3）不要刻意去戳破孩子的"牛皮"，或嘲笑其夸张。如遇到孩子不好好吃饭时妈妈会说："不吃饭就不会长高。"这句话可能会激起孩子的想象，说："那我要长得像长颈鹿那样高。"对于这样的"吹牛"，妈妈先不要急着把他拉回现实，而可以顺着他的话去说："嗯，你要多吃一点就会长得高！"既给了孩子想象的空间，也达到了要他好好吃饭的目的，还不会伤害他的自尊心。

（4）以理解、接纳或一笑了之的态度对待孩子的夸张，而不要以生气、责骂的方式逼孩子说实话。妈妈甚至还可以和孩子一起玩玩吹牛、想象的游戏，带自己回到童真的年代，也帮助自己进入孩子的想象世界，使亲子关系更加亲密。

（5）了解孩子爱夸张这一现象背后所蕴含的意义，引导他说出内心真正的感觉。如孩子对同学吹嘘拥有与自己一样高的神奇宝贝玩具，除了说明他有好胜的心理，不愿被孤立外，其实也说明他渴望妈妈也能给自己买一个神奇宝贝。妈妈应心平气和地听孩子说说自己的感觉和期望，找准问题的关键，这样才能解决问题。若孩子表现良好，家中经济条件也允许，就给他买一个神奇宝贝；若经济有困难，或家中玩具太多，就说明理由为什么不能再给他买，或另寻解决之道（如亲子共同制作等），避免孩子遭拒时产生心理不平衡。

（6）与其告诉孩子"大家都不喜欢吹牛的孩子"或"不要那么爱表现"，不如把注意力放在孩子的优点上。如对那个会打蝴蝶结的女孩，可以请她帮忙替自己打蝴蝶结，让她有表现的空间。聪明的妈妈会不时地给孩子戴戴"高帽子"，使他感受到自己的能力受到重视，继而巧妙地提出要求，轻松地达到教育子女的目的。

"你真笨"

给孩子适当的鼓励与赞扬是促其进取的良药,而说自己孩子"真笨"的妈妈,往往会使得孩子真的笨起来。因为,如果妈妈常当面说孩子"真笨",便会给孩子带来一种负面的心理暗示。

教育孩子时,妈妈应想方设法地多培养他们的自信心,这是极为重要的。

孩子在学校没有取得好成绩,妈妈最应该做的是帮孩子分析原因,指出其以后应注意的问题,并鼓励孩子说:"你很有潜力,把这些问题解决了,学习成绩会很快赶上去的。"

若是孩子某一件事(比如系鞋带、洗衣服、学唱歌、学画画等)老是做不好,妈妈不妨给予具体的指导和帮助。在孩子面临困难或气馁的时候,妈妈伸出援助之手,并给以鼓励,往往能增强孩子把手头的事做好的信心。

小军正在读初中一年级,最近很不顺心:先是数学测验成绩不及格,后是在班干部竞选中落选,再后来还在放学回家的路上闯了红灯,受到了警察叔叔的批评。这天晚上,在盛饭的时候,他一不小心,又把饭洒了一地。妈妈见他撒了饭,就说了一句"你真笨",小军又羞又怒,当即冲着妈妈大喊大叫:"我就是笨!"完了就躲进自己的卧室,索性连饭也不吃了。

"屋漏偏逢连阴雨",诸多不顺心的事接踵而至,显而易见,小军当时的情绪正处于低谷。这时候他最需要的是真诚的理解和温情的帮助,而不是批评与责备。

孩子的心理素质还不健全,在遇到困难的时候,极易发生心理波动,引发异常行为。因此妈妈要善于"望、闻、问、切",及时帮助孩子走出人生的低谷。下面几种方法妈妈们不妨试试:

(1) 帮助孩子避免自责

有时候孩子会对做错的事感到羞愧,你可以告诉他妈妈有时候也会做错事,只要以后改正就可以了。

(2) 提醒孩子痛苦会过去

当孩子陷入痛苦时,往往不相信自己还会快乐起来,这时的他很需要妈妈的帮助——尽管他常常不说出来。这时你应该帮助孩子建立信心,告诉他一个人不可能天天快活,也不可能天天难受,耐心挺过去,就会迎来快乐。

(3) 提醒他过去做得不错的一件事

孩子很难把握自己的情绪,一旦当他觉得很难过时,常常不知所措,并任其发展。孩子很难想起过去遇到类似的情况时,自己是怎么应付的。所以提醒孩子过去做得不错的某件事,可以帮助他从缺乏自信的状态进入"为什么不试一试"的积极状态。

(4) 避免"就地解决问题"

有时候确实找不到什么"灵丹妙药",想让孩子立刻就变得兴高采烈,往往不大可能。最好的办法就是承认生活中有不公平,去拥抱孩子一下,说一声表示理解的话:"我也很难过……",这比起劝孩子"振作起来"有效多了。通过静静地理解和分担孩子的痛苦、气愤或抑郁,便会使他慢慢把挫折纳为生活中合理的、正常的部分,而不会因此感到软弱或沮丧。

(5) 让孩子知道你爱他

不管是孩子被激怒,还是你被气得发疯,事后都不要忘记提醒孩子:"不论气愤到了什么程度,都是人的正常情绪,这不会影响我对你的爱。"

这常常会带来意想不到的效果。因为孩子生气常常源于对母爱的怀疑，他们厌烦妈妈的管教也往往是因为自己没有直接从中感受到爱。

（6）让孩子知道他不是孤单一人

也许你无法抚平孩子的痛苦，但你能帮助他摆脱孤独的情绪，使他意识到妈妈在爱护他，朋友在关心他。如果孩子不想对你诉说，你可以建议他去找找朋友或者老师倾诉。总之，要让孩子知道他不是孤单一人。

（7）用幽默来治疗

社会心理学家卡罗尔·塔韦斯曾提出一种"幽默治疗法"。她谈到她的妈妈是怎样使她对所发生的事抱有一种轻松的看法时说："不是说教，那时候我的心情糟糕透了，说教只会使我发疯……妈妈带我看了一场查理·卓别林的电影。我想，当你放声大笑的时候，你不可能保持郁闷的心情。"

第十章 妈妈不要这样说

"你这身打扮成什么样子"

爱美之心人皆有之,而女孩又比男孩更注重自己的外表,所以,女孩爱打扮应该是正常的现象。不过,凡事都有个度,一旦过头就会对其生活和学习造成不良影响。

一个十二岁的小姑娘,在去做客之前,躲在自己的小房间里精心地打扮自己。当她打扮完后出现在妈妈面前时,没想到妈妈却说:"你这身打扮成什么样子?"原本想博得妈妈夸奖的小姑娘立刻失去了喜色。后来,这位小姑娘再也不独立地装扮自己了,穿衣打扮悉听妈妈指点。这无疑是一则教育失败的案例。

女孩子都有一种"把自己打扮得更漂亮"的愿望。她们对服饰式样、色彩、格调的选择,来源于各自的审美趣味。穿什么鞋子,喜好什么颜色的裙装,会让她们费一番脑筋进行观察、比较、选择,随之而来的是审美观的培养、思维的训练和生活自理能力的提高。研究也表明,那些爱打扮的孩子,其审美水平较同龄人要高一些。

由于阅历、审美观、价值取向的不同,妈妈与子女对服饰的认识和追求有着明显的差异。这里要忠告大家的是,应把打扮自己的权利交给子女。即便是孩子穿着打扮有什么不美观的地方,也不要嘲笑、斥责,只要婉转地把意见表达出来,让孩子自己判断就可以了。

前不久,我收到一位女中学生的来信,信中说她是个非常爱美的姑娘，由于戴手镯进了学校，被班主任老师发现后，受了一顿批评。她问我："戴饰品有什么错？"

正好，我手边有一份某市对106名孩子关于佩戴饰品问题的调查报告，这一报告给我们广大妈妈提供了更加实际的参考资料。

调查结果显示，在106名被调查学生中，佩戴饰品的学生有19名，占被调查总数的18%。其中，女性11名，占佩戴者总数的58%；男性8名，占佩戴者总数的42%。从佩戴的品种上看，主要是戒指、项链、手镯、手链等；从佩戴饰品的来源看，填写"爸爸妈妈给的"占56%，填写"朋友赠送的"占33%，填写"自己花钱买的"占11%。

孩子佩戴饰品的心理因素是多方面的，归纳起来，主要有以下八种：

(1) 爱美心理

一位十六岁的女生写道："爱美之心，人皆有之，戴饰品是为了美。"一位十七岁的女生写道："我戴这些东西是因为它给人以美好的感觉，是为了让自己更加漂亮。"

(2) 纪念心理

一位十三岁的女生写道："我戴的项链是同学赠送的，现在她和我已经分到不同的学校，很难再见面。我希望这条项链永远陪伴我，以寄托对她的思念之情。"一位十四岁的女生写道："其实，我有许多项链，有爸爸妈妈给的，有自己买的，也有别人送的。我就爱戴小学同学送的，因为它凝聚了我和她的友情，有纪念意义。"

(3) 好奇心理

一位十三岁的女生写道："我喜欢艺术，戴上项链觉得有艺术感。"一位十四岁的女生写道："我出于好奇，想戴就戴，反正也不影响什么。"

(4) 炫耀心理

一位十七岁的女生说："我戴的是金项链，我觉得这是有钱的一种表现。"一位十六岁的男生认为："佩戴饰品能显示家庭富裕，我为此感到自豪。"

(5) 屈从心理

一位十四岁的女生写道："我戴的手镯是妈妈给的，说是祖传下来的，必须戴。但我上学时不戴,因为老师不让。"一位十三岁的男生写道:"我戴的长命锁是爸爸妈妈让我戴的,他们说这是我太爷爷传下来的,戴上它能长命百岁,但我不太相信。"

(6) 暗示心理

一位十七岁的男生写道:"戴某种首饰暗示佩戴者当前的某种情况,譬如结交异性朋友的进展情况等等,我很欣赏这种'心有灵犀一点通'的做法。"一位十六岁的女生写道:"我喜欢同男同学交朋友,我戴项链就是为了引起异性的重视与好感。"

(7) 随风就俗心理

一位十七岁的女生写道:"一些传统饰品是我国千百年来传下的,我戴上项链、手镯、手链,自我感觉良好。"一位十六岁的男生写道:"远古时代,人们就把贝壳之类穿起来挂在脖子上。我认为戴首饰并不是轻浮,而是世界各民族都有的一种风俗。"

(8) 观望攀比心理

一位十七岁的男生说:"我本不打算戴项链,可我看到班内××戴着项链时,就也戴上了。"一位十五岁的女生透露:"老师不许学生戴项链等饰品,然而我看班内有的同学戴了戒指老师也不管,我就也偷偷地戴了起来。"

孩子佩戴饰品,应引起妈妈、学校以及社会各界的普遍重视。妈妈应对佩戴饰品的孩子做好教育、引导工作,让他们将主要精力放在学习上,在德智体美诸方面健康发展。

"不准失败!"

一个人的心态对其心理活动有很大影响,它就像薄雾一样弥散在人的种种心理活动中。狄更斯说:"一个健全的心态,比一百种智慧更有力量。"在孩子成长的过程中,无论遇到什么情况,均要抱着积极的心态去面对,莫让沮丧取代孩子乐观的希望。

富有经验的教练员在运动员尝试高难度动作的时候,绝不说"不许失误""不准失败"一类的话,而是对运动员进行安慰和鼓励。因为在这个时候,运动员一般会因害怕失败而有很大的心理压力。若这种压力得不到缓解,势必会影响正常发挥。所以,教练员应帮助运动员消除这种压力。即便是失败了,教练员也会轻松温和地说:失败了不要紧,再来一次。

孩子的心理承受能力十分脆弱,尤其害怕失败。一道题解答不出来会急得抹眼泪,赶不上竞争对手或考试考砸了会茶饭不思,严重的甚至会寻死觅活。产生这种令人忧虑的现象,与妈妈对孩子缺乏"挫折教育"、常对孩子说"不准失败"有关。

人才的成长都与失败"有缘",从中不难看出失败的价值。一名运动员在获得世界冠军之前,流下的多是失败的泪水;科学家在获得重大发现与发明的前夜,也饱尝过千百次失败的辛酸。所谓"失败是成功之母",没有失败便没有成功。

第十章 妈妈不要这样说

因此，在孩子面临失败的时候，妈妈应有"失败即教育"的意识。孩子失败后，不应只获得痛苦的体验，妈妈还应引导他积聚挑战困难的勇气。重新开始，便向成功迈进了一步。妈妈若不让孩子去拥抱失败这种人生必不可少的淬炼，又怎能期望孩子问鼎成功呢？

从这个意义来讲，妈妈应鼓励孩子做一些需要努力、需要冒险、需要多次尝试才能做到的事情，不要害怕他们会遭受失败。有时候，妈妈即便明知孩子不能成功，也要让他试试看。不仅如此，妈妈还应该巧妙地设计一些难题，主动让孩子适度经受一些失败，以增强他们抗击挫折的韧性。

孩子需要失败的机会，妈妈应有允许孩子失败的雅量。

很多年前的一天，上小学四年级的儿子垂头丧气地回到家。"怎么不高兴？""老师不让我参加学校的运动会……"我恍然大悟，孩子前些天曾期待着在学校运动会上争夺跳远的奖牌。尽管我知道孩子的这个想法并不符合实际（因为他的跳远成绩在同龄人中实在说不上出色），但我还是告诉他："也许老师找到了比你跳得更远的同学。你再多练练，等下次怎么样？要知道有些在奥运会上夺得奖牌的运动员都要默默无闻地准备十几年、二十几年呢！"孩子听从了我的话，在那个春天的每个晚上都会到公园的沙地上去练习跳远。第二年孩子真的获得了参赛资格。尽管他没有拿到奖牌，但仍然信心十足地对我说："妈妈，等着吧，我再练一年，一定会捧个金牌回家。"

成功是需要鼓励的。在许多时候，孩子由于缺乏面对困难的勇气和信心，总是在起跑线附近徘徊。

我上中学的时候，写了一篇散文，觉得得意，便读给老师听。老师听后说，你给报社寄去试试看能不能发表。这可是我连想也不敢想的事。犹豫了几天，最后还是在一个晚上偷偷地把稿件塞进了邮筒。一个月后，编辑部来了回信。信中说，虽然稿子没有采用，但从中可以看到我"基础扎实"，如果"继续努力，必定可以成功"。当天晚上，我翻来覆去很晚才睡着，立志写作的梦想从此便在我的心底扎了根。

1977年高中毕业，我参加了高考，但以几分之差落榜。当时我才十七岁，还是个大孩子。落榜使我的头脑一片混沌，仿佛眼前的一切都成了灰色的。妈妈说："种庄稼碰上好年景收成就多，你差几分可能是碰上坏年景了，明年准能把这几分补齐了。"哥哥当时已参加了工作，他对我说："办大事，哪有一次成功的？你好好复习，明年东山再起！"正是亲人们的鼓励，使我寻回了心中失落的太阳，在第二年成功考取了理想的大学。

一位哲人说："成功者不见得有过人的才智，却往往有一种特殊的气质，就是在失败面前那不屈的身姿。"成功者的那份执著与自信是从天上掉下来的吗？不是，它的源头最早可能就是妈妈、老师或者朋友等亲近的人给予的鼓励，尤其是在孩子处于逆境时他们所给予的掌声。

孩子强体健身食谱

对于生长发育旺盛时期儿童的营养健康问题，应该给予足够的重视。我们常说的三大营养——蛋白质、脂肪和碳水化合物的摄入量应有一定比例，蛋白质产生的热量宜占一日总热量的12%~15%，脂肪为25%~30%，碳水化合物为55%~60%，如此比例才能保证蛋白质充分发挥其修补组织的作用。

本章着重介绍一些孩子的强体健体食谱，以作妈妈们参考。

荤菜类

 荤菜类食物吸收率高,饱腹作用强,滋味鲜美,色、香、味俱全,是优质蛋白质的主要来源,具有较高的食用价值,是孩子强体健身不可缺少的食物。

红焖鸡块

【主料】白条鸡1只。

【辅料】油、盐、酱油、淀粉。大料、葱、姜丝、蒜片、味精各适量。

【做法】将白条鸡洗净,剁成2.7厘米见方的块。

坐勺,放少量底油,烧热时放入鸡块、葱、姜丝、蒜片煸炒,鸡肉变色时放入酱油、盐、大料,添适量汤烧开,撇去浮沫,盖上盖,在微火上焖至肉烂汤浓时,拣去大料,加味精,用水淀粉勾芡,出勺装盘即可。

【特点】肉烂鲜香,简单易做。

宫爆鸡丁

【主料】鸡脯肉250克,盐炒花生米100克。

【辅料】姜、蒜、干红辣椒各5克,葱丁15克,花椒10粒,醋、白糖各2克,酱油20克,精盐、味精各1克,湿淀粉25克,料酒10克,肉汤30克,熟猪油100克。

【做法】将鸡肉拍松后剖成0.3厘米见方的"十"字花纹,再切成2厘米见方的丁,放入在碗内,用精盐、酱油、湿淀粉拌匀。干红辣椒去籽，切成2厘米长的段。将白糖、醋、精盐、料酒、酱油、味精、肉汤、湿淀粉一同放入碗内对成芡汁。

炒锅置旺火上，放入熟猪油烧热，将干红辣椒和花椒炒成棕红色，倒入鸡丁炒散，加入姜片、蒜片、葱丁炒出香味，用湿淀粉勾芡，再撒入花生仁翻炒几下，出锅装盘即成。

【特点】鲜香细嫩，辣而不燥，味香麻辣。

葱爆羊肉

【主料】羊肉片250克，大葱100克。

【辅料】料酒10克，油10克，酱油、精盐、味精、水淀粉各适量。

【做法】锅烧热，放油适量，肉片下锅炒散，随后将葱放入稍炒，烹入料酒、酱油，放精盐、味精炒匀，熟即出锅（此菜不可炒得时间过长，否则肉要老化）。

【特点】肉片细嫩，葱香浓郁。

鱼香肉丝

【主料】瘦猪肉150克，水发木耳50克。

【辅料】植物油100克，泡辣椒末25克，葱花20克，大葱末15克，姜末10克，水淀粉25克，白糖15克，酱油、醋各10克，精盐、鲜汤各适量。

【做法】先将瘦肉切成粗丝，盛入碗中，加入精盐和水淀粉15克调匀。

再把白糖、酱油、醋和10克水淀粉同盛在碗中，加入鲜汤兑成汁备用。

将炒锅放旺火上烧热后下油，油四成热时，倒入调匀的肉丝，炒散后，即下辣椒末，待炒出红色时，再将木耳和兑好的鱼香汁倒入，急炒几下，即可起锅装盘。

【特点】色泽红亮，味兼甜、咸。酸、辣。

京酱肉丝

【主料】猪瘦肉250克。

【辅料】京酱40克，色拉油140克，葱30克，精盐2克，味精1克。

【做法】猪肉切成4厘米长的段，过油备用。取葱白切成4厘米长的细丝，放盘中备用。

炒锅烧热放色拉油，放入京酱炒出香味，再放入肉丝、精盐、味精炒熟出锅，倒入盘中葱丝上即可。

【特点】酱香肉嫩。

芹菜炒牛肉

【主料】牛里脊肉200克，芹菜心200克。

【辅料】湿淀粉20克，色拉油200克（实耗80克），酱油15克，精盐3克，料酒10克，味精2克。

【做法】牛里脊肉洗净，切成细丝，用精盐、湿淀粉5克拌匀上浆。芹菜心切成2厘米长的小段，放入沸水锅内焯一下捞起。炒锅放到旺火上，放入色拉油烧热，放入肉丝滑油至熟，倒入漏勺沥油。

锅放到火上，倒色拉油35克烧热，放入芹菜段炒几下，加入料酒、酱油、味精、牛肉丝迅速炒匀，用水淀粉勾芡，盛入盘内即成。

【特点】香脆鲜嫩。

青椒炒肉丝

【主料】青椒500克，猪肉150克。

【辅料】鸡蛋2个，熟猪油100克，盐、酱油、味精、料酒、淀粉、食油、明油、肉汤各适量。

【做法】先去掉青椒柄、籽，洗净沥干，顺长切成细丝。将净猪肉同样也切成细丝。

把肉丝放入盆中，再加水淀粉和鸡蛋及料酒、盐、酱油搅匀。

锅中加食油烧至五成热，把浆好的肉丝放入滑散，捞出去油。锅内留油少许，把切好的辣椒丝入锅炒几下，加入盐、酱油、肉汤、料酒、味精，将滑好的肉丝倒入炒均匀，淋上明油出锅。

【特点】绿红相间，油而不腻。

生爆肉片

【主料】猪肉250克。

【辅料】花生油40克，蒜苗100克，豆豉、甜酱各10克，豆瓣150

克，酱油50克。

【做法】将去皮、肥瘦相连的猪肉洗净，切成0.2厘米厚的片。蒜苗洗净后切成3厘米长的段，豆瓣切细。

锅置旺火上，放油烧至七八成热，投入肉片煸炒片刻，加入豆豉、豆瓣和甜酱，烧出香味后撒下蒜苗，略炒片刻后淋入酱油。炒匀炒熟后出锅装盘即成。

【特点】色泽美观，脆嫩爽口。

黄焖排骨

【主料】猪排骨500克。

【辅料】鸡蛋、面粉、油、盐、淀粉、味精、花椒粒、大料瓣、葱段、姜片、蒜瓣、汤各适量。

【做法】将排骨剁成3.3厘米长段。

将鸡蛋磕入碗内，加面粉搅成糊，放入排骨抓匀待用。

坐勺，加适量油烧至六成热时，将排骨块放入油中炸透捞出，放碗内，加花椒粒、大料瓣、葱段、姜片、蒜瓣、盐、汤上屉蒸烂取出，拣出葱、姜、蒜、花椒、大料不要，将排骨扣在盘内。

将汤控入勺内，加味精，用水淀粉勾芡，淋明油，浇在盘内的排骨上即可。

【特点】色泽黄褐，排骨酥烂，咸鲜味香。

红烧鲤鱼

【主料】鲤鱼1条（约600克）。

【辅料】猪肉50克，玉兰片、青菜、胡萝卜各15克，葱、姜、蒜各25克，酱油35克，花椒水3克，醋10克，八角4克，啤酒80克，红糖20克，湿淀粉35克，鲜汤500克，植物油2000克（实耗约50克），味精、精盐、香菜各适量。

【做法】将鲤鱼去鳞、去腮及内脏洗净，两侧剞刀距为2.5厘米的斜刀口。猪肉切成小片，玉兰片、青菜和胡萝卜也切成小片。葱切段，姜切末，蒜拍成泥，香菜切成1厘米长的小段。

锅置火上，放入植物油烧至七八成热，投入鱼炸至红色捞出。锅内留

30 克油置火上烧热，投入肉片煸炒片刻，加入玉兰片、糖、八角、精盐和鲜汤，烧沸后放入鱼，盖上锅盖用中火烧开，用小火保持开状，大约 10 分钟后见汤快干时，用湿淀粉勾芡，撒入香菜和味精，淋入明油，出锅装盘即成。

【特点】色泽红褐，汁芡明亮，口味咸鲜。

红烧狮子头

【主料】猪肉末 500 克，油菜 250 克。

【辅料】色拉油 50 克，葱末、姜末各 10 克，酱油、香油、清汤各 10 克，料酒 5 克，精盐 3 克，味精 1 克。

【做法】在猪肉末中加入葱末、姜末、料酒、香油、精盐、味精，搅拌均匀，挤成丸子。

油放入炒锅烧热，丸子入锅，炸到金黄色时捞出。

余油爆香葱末、姜末，烹入酱油，放入油菜、清汤，再放入丸子、精盐、味精，用小火烧熟即可。

【特点】软嫩味美。

油菜炒香肠

【主料】油菜 215 克，香肠 100 克。

【辅料】色拉油 30 克，葱、姜共 10 克，酱油 10 克，花椒水、淀粉各 5 克，精盐 2 克，味精 1 克。

【做法】香肠切成薄片，油菜切成小段，葱、姜切成丝。

色拉油烧热，加入葱丝、姜丝炝出味，放入香肠、油菜翻炒，加酱油、精盐、味精、花椒水炒熟，用淀粉勾芡，出锅即可。

【特点】清爽适口。

素菜类

素菜类含有多种维生素、丰富的矿物质（钙、钾、钠、镁等）及膳食纤维，还含有各种有机酸、芳香物质、色素等成分。因而在孩子饮食中具有重要意义：可增进食欲、帮助消化、促进营养素的吸收、丰富膳食种类等。

家常豆腐

【主料】豆腐750克，猪肉150克。

【辅料】青蒜段100克，湿淀粉10克，鸡汤500克，二合油（猪油、花生油各半）100克，花生油50克，豆瓣辣酱50克，豆豉10克，姜片、葱段、花椒粉、辣椒油、酱油、绍酒、精盐、味精各适量。

【做法】把豆腐切成4厘米长、3.3厘米宽、0.6厘米厚的片，平放在抹油的盘子中，撒上精盐腌一下，然后用热花生油将两面煎呈焦黄色，猪肉切成3.5厘米长的薄片。

炒勺内放入二合油，在旺火上烧到八成热，下入葱段、姜片、肉片煸炒几下，再下入豆瓣辣酱、辣椒面、豆豉，炒出香味后，下入酱油、绍酒、鸡汤和煎好的豆腐，移到微火上火煨，待汤汁剩1/3（煨7~8分钟）时，再改用旺火，放味精，淋入调稀的湿淀粉勾芡，并投入青蒜段，把豆腐托入盘中，撒上花椒粉即成。

【特点】色泽红润，质地香嫩，具有鲜、辣、麻、咸等味。

炒萝卜

【主料】萝卜 500 克。

【辅料】食油 40 克,酱油 25 克,明油 10 克,水淀粉 50 克,盐 15 克,葱丝、姜末、蒜末各少许。

【做法】萝卜去叶、茎、根、皮,清水洗净,沥干,切成块。锅内倒入食油,用旺火将油熬热,放入萝卜,煸炒至八成熟盛起。

【特点】萝卜脆香,味道可口。

炒青菜

【主料】青菜 500 克。

【辅料】食油 35 克,盐 10 克,味精 1 克。

【做法】将洗好的青菜切成 5 厘米长的段。

将锅烧热,放入食油,即把青菜放在锅内翻炒,加少许水,盖上锅盖烧数分钟,再去盖,加盐后烧至青菜熟,放入味精即可。

【特点】清淡爽口。

家常白菜心

【主料】白菜心 400 克。

【辅料】黄花、木耳、笋片各 20 克,色拉油 25 克,豆瓣酱、酱油各 10 克,精盐 2 克,味精 1 克。

【做法】白菜心洗净切成寸段。

炒锅放到火上,倒入色拉油烧热,加入白菜心和黄花、木耳、笋片,炒到半熟时,再放入豆瓣酱、酱油、精盐、味精,炒熟即可。

【特点】味香可口。

炒土豆丝

【主料】土豆 400 克。

【辅料】植物油 25 克,酱油 15 克,盐 4 克,醋 5 克,葱花椒各少许。

【做法】将土豆去皮切丝用开水一焯后捞出沥干。

锅内放入植物油和花椒,旺火烧热,放入葱花略炸,即放入土豆丝,炒拌均匀后加入酱油、盐、醋,再炒拌均匀即可出锅。

【特点】酸脆麻香。

菠菜炒粉丝

【主料】菠菜500克，粉丝200克。

【辅料】植物油20克，盐、味精、葱花各适量。

【做法】菠菜洗净，切成3厘米长的段。

粉丝煮一下，能用筷子夹断即可，捞出待用。

锅烧热加植物油，油热放葱花，爆出香味后下菠菜，半熟时加盐、味精，翻炒几下即可出锅。

【特点】软滑上口。

炒芹菜

【主料】芹菜500克。

【辅料】食油25克，酱油15克，盐2.5克，花椒、葱花各少许。

【做法】将芹菜切去根须，择掉菜叶，仅取菜梗，撕去梗上粗筋，清水洗净沥干，切成寸段。

锅内放入食油烧热，放入花椒，炸至九成熟，将花椒取出，放入葱花，稍炸，随即放入芹菜，翻炒均匀后，加入酱油、盐，再炒拌均匀，即可出锅。

【特点】清淡素爽，味道适中。

蒜苗炒鸡蛋

【主料】蒜苗150克，鸡蛋3个。

【辅料】植物油50克，精盐、味精、花椒各适量。

【做法】把蒜苗择洗干净，切成3厘米长的段。

把鸡蛋打在碗里，加入少许精盐，用筷子搅散。

勺内放植物油（35克），烧热，把鸡蛋汁倒入勺中，用手勺轻轻推炒，炒至蛋汁定浆、像桂花瓣一样时，倒出。

再把余油倒入勺中烧热，放入蒜苗再翻炒几下，烹入花椒水，加入剩余的精盐和味精，放入炒好的鸡蛋花，翻炒均匀出勺。

【特点】色泽分明，滋味鲜美。

番茄炒鸡蛋

【主料】番茄 200 克，鸡蛋 3 个。

【辅料】植物油 50 克，盐、味精各少许，糖 25 克。

【做法】将番茄用开水泡后去皮，切开去籽，切成片。

将鸡蛋打入碗中，放入少许盐，打匀。

将锅放在火上，放入 35 克植物油烧热，将鸡蛋放入锅炒熟盛出。锅中再放入植物油 15 克，烧热，将番茄片放入煸炒，放盐和糖炒片刻，倒入鸡蛋、味精翻炒几下出锅。

【特点】营养丰富，红黄相间，味道酸甜。

凉拌黄瓜

【主料】黄瓜 500 克，粉丝 100 克。

【辅料】鸡蛋 2 个，蒜末、白糖、陈醋、细盐各适量。

【做法】将黄瓜去皮（嫩瓜不去皮）、去瓤，洗净切成丝，用细盐稍腌 10 分钟待用。

将粉丝用开水烫软，捞出滤干。将鸡蛋打开搅匀，用油锅煎成蛋皮，切约 7 厘米的丝。

把黄瓜腌出的水倒掉，放上白糖、陈醋、粉丝、蒜末、蛋皮拌匀，即可食用。

【特点】绿、黄相间，酸甜可口。

黄瓜炒籽虾

【主料】黄瓜 125 克，籽虾 150 克。

【辅料】白糖 1.25 克，精盐 0.6 克，酱油 31.5 克，熟猪油 13.5 克，料酒 0.6 克。

【做法】带籽的河虾用水轻轻洗一下，不要碰掉籽，然后煎去须和脚。黄瓜洗净，带皮切成 3 厘米长、1.6 厘米厚的斜片（老黄瓜要削去皮再切）。

炒锅内放入熟猪油，在旺火上烧到八成热，起浓烟时放入籽虾翻两个身，加入黄瓜、料酒、白糖、酱油、精盐，再翻两个身，加水（45 克）烧开，再翻两个身即成。

【特点】清鲜适口。

酱爆茄子

【主料】茄子500克。

【辅料】甜面酱25克,酱油20克,白糖10克,湿淀粉15克,植物油750克(实耗75克),味精、胡椒粉、精盐、素鲜汤、葱段、姜片各适量。

【做法】将茄子洗净去蒂和皮,切成2.5厘米长的块,表面再制成十字花。

锅置火上,放植物油烧至六成热,将茄子投入锅内炸至金黄色时捞出沥油,然后再倒入烧热的油锅内,加入葱段、姜片和甜面酱煸炒片刻,下入素鲜汤、茄子、酱油、白糖、精盐、胡椒粉和味精调味料烧沸,用手勺搅动一下,转用小火将茄子烧透入味,用湿淀粉勾芡,出锅装盘即成。

【特点】茄子鲜嫩,酱香咸甜。